D1699918

Abb. 1: Der Lesesaal des Österreichischen Literaturarchivs,
Arbeitsbereich für Studierende, Forscherinnen und Forscher aus aller Welt (Foto: Martin Wedl)

Österreichisches Literaturarchiv

Die ersten 10 Jahre

Mit der (« **mp3** »)-CD »Stimmen aus dem Archiv«

Herausgegeben im Auftrag des
Österreichischen Literaturarchivs
der Österreichischen Nationalbibliothek
von Michael Hansel und Martin Wedl

Praesens Verlag
Literaturwissenschaft | Sprachwissenschaft
Musikwissenschaft | Kulturwissenschaft
Wien

Bibliografische Information Der Deutschen Bibliothek
Die Deutsche Bibliothek verzeichnet diese Publikation
in der Deutschen Nationalbibliografie; detaillierte bibliografische
Daten sind im Internet über <http://dnb.ddb.de> abrufbar.

ISBN-10: 3-7069-0295-8
ISBN-13: 978-3-7069-295-3

Redaktionelle Mitarbeit: Peter Seda

Inhalt

Das Österreichische Literaturarchiv der Österreichischen Nationalbibliothek
Vorwort

JOHANNA RACHINGER

Zehn Jahre Österreichisches Literaturarchiv an der Österreichischen Nationalbibliothek sind ein willkommener Anlaß für mich, der Sammlung zu gratulieren und allen MitarbeiterInnen für ihre geleistete Arbeit herzlich zu danken. Obwohl eine der jüngsten Sammlungen ist das Österreichische Literaturarchiv (ÖLA) heute bereits zu einem zentralen Bestandteil der Österreichischen Nationalbibliothek (ÖNB) geworden. Seine ambitionierte wissenschaftliche Forschungstätigkeit und seine starke Präsenz in der Öffentlichkeit haben in der relativ kurzen Zeit seines Bestehens das Image und auch das Selbstverständnis der Bibliothek wesentlich mitgeprägt. Im historisch gewachsenen Ensemble der heute zehn Sondersammlungen der ÖNB hat das ÖLA seinen festen Platz, womit die Sinnhaftigkeit der Gründung einer eigenen Sammlung für österreichische Literatur ab dem 20. Jahrhundert mehr als bestätigt wurde.

Das ÖLA trägt nachhaltig zur dauerhaften Bewahrung, wissenschaftlichen Erschließung und vor allem auch zur Bewußtmachung österreichischer Literatur in der Öffentlichkeit bei. Mit ihm eröffnet die ÖNB Zugang zu einem zentralen Bereich des österreichischen Kulturerbes. Österreich verdankt seinen Ruf als Kulturnation ja nicht zuletzt seiner Literatur. Die Literatur des 20. Jahrhunderts ist ohne die Beiträge österreichischer SchriftstellerInnen, von Ödön von Horváth bis Ernst Jandl, von Egon Friedell bis Oswald Wiener nicht denkbar. Die Errichtung eines nationalen Literaturarchivs war ein notwendiges und lange gefordertes Vorhaben, dessen Verwirklichung dem damaligen Bundesminister Hans Tuppy zu danken ist.

Wenn wir 2006 die ersten zehn Jahre des ÖLA feiern, so liegt darin insofern eine gewisse Unschärfe, als seine Anfänge weiter zurückreichen. Mit Erlaß des Bundesministeriums für Wissenschaft und Forschung vom 2. April 1989 erfolgte die formelle Gründung des Österreichischen Literaturarchivs als eigenständige Sammlung der Österreichischen Nationalbibliothek. Am Beginn stand unter anderem die Erwerbung des umfangreichen Nachlasses des berühmten österreichischen Lyrikers Erich Fried. Allerdings waren die Anfänge mühsam, führte die neue Sammlung über einige Jahre hin eine eher verborgene Existenz. Zunächst gab es weder eigene Räumlichkeiten noch eigenes Personal. Provisorisch geleitet von der Generaldirektion und administriert von der Handschriftensammlung wurden dennoch bereits wichtige literarische Nachlässe erworben. 1993 trat das ÖLA mit einer großen Erich-Fried-Ausstellung unter dem Titel »Einblicke – Durchblicke« erstmals an die Öffentlichkeit. 1995, als das ÖLA bereits zwei fixe MitarbeiterInnen hatte, folgte eine Ausstellung zu Hilde Spiel. Aber erst mit der Bestellung von Universitätsprofessor Dr. Wendelin Schmidt-Dengler zum Leiter am 1. Jänner 1996 und der Öffnung des Archivs auch für den regulären Publikumsbetrieb konnte sich das ÖLA als autonome, vollwertige Sammlung etablieren.

Heute ist das ÖLA unter den Sammlungen der ÖNB ein Musterbeispiel für die enge Verbindung von Wissenschaft und Bibliothek. Was die Zahl seiner jährlichen Publikationen anbelangt, ist das ÖLA die führende Sammlung an der ÖNB. Zu verweisen ist hier u. a. auf die Schriftenreihe »Profile«, in der bereits 12 exzellente Monographien erschienen sind, auf die Reihe »Forschungen«, wie auch auf das Jahrbuch »Sichtungen«, das mittlerweile zusammen mit der Wienbibliothek im Rathaus herausgegeben wird. Daneben erschienen aber auch zahlreiche anderweitige Veröffentlichungen wie etwa der gelungene, bei Reclam herausgegebene Bildband »Die österreichische Literatur seit 1945«. Die Zahl an wissenschaftlichen Forschungsprojekten, die am ÖLA erfolgreich durchgeführt wurden und werden, ist beachtlich. Darunter waren zwei große EU-Projekte, »MALVINE« und »LEAF«, zu denen das Literaturarchiv einen maßgeblichen Beitrag geleistet hat sowie wichtige Editionsprojekte u. a. zu Albert Drach, Ödön von Horváth und Thomas Bernhard.

Die erfolgreiche Einreichung und Gründung eines neuen Ludwig Boltzmann-Instituts für Geschichte und Theorie der Biographie auf Initiative des ÖLA im Jahre 2005 war die bisher letzte Bestätigung seines hohen wissenschaftlichen Niveaus. Es war dies auch für die ÖNB, die eine von vier KooperationspartnerInnen des Boltzmann-Instituts ist, ein ganz wesentlicher Anstoß zur weiteren Profilierung ihrer wissenschaftlichen Forschungstätigkeit. Das Institut für Biographieforschung, das nicht nur die theoretischen Grundlagen dieses Genres neu erarbeiten will, sondern auch vier Einzelbiographien erstellt, findet in den reichhaltigen Beständen des ÖLA vielfältiges Forschungsmaterial vor.

Zur Erfolgsbilanz des ÖLA gehört nicht zuletzt seine engagierte Erwerbungspolitik. Am Anfang stand – wie schon erwähnt – der umfangreiche Nachlaß Erich Frieds. Weitere große Gesamtnachlässe sind dazugekommen, darunter von so bedeutenden AutorInnen wie Günther Anders, Albert Drach, Ödön von Horváth, Ernst Jandl, Manès Sperber, Hilde Spiel und Oswald Wiener, um nur einige herauszugreifen. Man darf wohl ohne Übertreibung feststellen, daß heute ein wichtiger Teil der bedeutenden AutorInnen der österreichischen Literatur des 20. Jahrhunderts zumindest mit Teilen ihrer Vor- und Nachlässe im ÖLA vertreten ist. Die Bestandsliste umfaßt derzeit mehr als 120 Namen.

Die rege Ausstellungstätigkeit des Literaturarchivs trägt zu einem ganz wesentlichen Teil zur Bekanntmachung dieser faszinierenden Bestände an Originalen bei. Neben den schon erwähnten, möchte ich vor allem auch auf die vielbeachtete Ausstellung »Der literarische Einfall. Über das Entstehen von Texten«, gezeigt 1998 in der Kunsthalle Wien, verweisen, die später u. a. auch im Schweizerischen Literaturarchiv in Bern zu sehen war, und natürlich auf die große Präsentation zur neueren österreichischen Literatur, die 2004 unter dem Titel »Die Teile und das Ganze. Bausteine der literarischen Moderne in Österreich« im Prunksaal der Österreichischen Nationalbibliothek gezeigt wurde. Zu nennen wären auch wichtige Kooperationsprojekte mit dem Jüdischen Museum Wien wie schon 1997 zu Peter Hammerschlag und zuletzt zu Elias Canetti und Manès Sperber.

Nicht vergessen möchte ich den Hinweis, daß sich das ÖLA maßgeblich und erfolgreich um die Vernetzung der Literaturarchive in

Österreich bemüht hat. Die daraus entstandene Plattform KOOP-LITERA, die jährlich ein Treffen der Archive ausrichtet, ist ein richtungweisendes Modell österreichweiter Kooperation im Bereich kultureller Einrichtungen.

Die Entfaltung des Österreichischen Literaturarchivs in seinen ersten zehn Jahren war geprägt von einer erstaunlichen Dynamik. Es bleibt mir nur zu wünschen, daß diese Entwicklung weiterhin anhält.

Der Sitz im Leben

WENDELIN SCHMIDT-DENGLER

Jubiläen dienen meist der Selbstbestätigung und sollen das zu Feiernde allmählich in den Status einer nicht weiter befragbaren Selbstverständlichkeit rücken. Eine Institution, die zehn Jahre besteht, kann nicht mehr so einfach aus dem kulturellen Ensemble eines Landes weggedacht werden – hoffe ich zumindest. Aber gerade dann, wenn etwas als selbstverständlich vorausgesetzt wird, geht es darum, just dieses Selbstverständliche zu befragen. Es fällt mir als jemandem, der mittendrin in dieser Institution steckt, sehr schwer, die Gründe, auf denen das Selbstverständnis des Österreichischen Literaturarchivs ruht, vernünftig und in angemessener Hierarchie vorzustellen. Schon der Konsens, daß literarisches Material gesammelt werden und man sich der Nachlässe der AutorInnen versichern müsse, wird über die LeserInnenschaft von Büchern hinaus kaum herstellbar sein und die Fragen, die uns in der Literaturwissenschaft bewegen, gelten angesichts aller anderen anstehenden Probleme politischer und sozialer Natur gerne als Sorgen einer verschwindenden Minderheit, von deren Dringlichkeit kaum jemand außerhalb des ›Ghettos‹, in dem sich die Geisteswissenschaften befinden, zu überzeugen ist.

Da mag sich so etwas wie eine Lust an der Resignation einstellen, das Bedürfnis, das Vergangene sein zu lassen, der Urväter Hausrat nicht zu sammeln und der Vernichtung zu überlassen. »Alles, was entsteht, ist wert daß es zu Grunde geht,« sagt der ebenso böse wie weltweise Mephistopheles, und unser Bemühen, den gesammelten Gegenständen Dauer zu verleihen, scheint ein Unterfangen zu sein, das in einer Langzeitperspektive zur Vergeblichkeit verurteilt ist. Und doch wäre es töricht, das nun einmal Begonnene abzubrechen und dem Untier des Vergessens, das mit dem Zahn der Zeit zubeißt, zum Fraß zu überlassen. So mögen wir uns trösten, daß Archive zu den wenigen Institutionen gehören, die den Trank aus dem Fluß Lethe verweigern und die auf diese Weise der Korrosion entgegenwirken, der offenkundig alles, was besteht, ausgesetzt ist. Das sei nicht als ein heroisches Trotzdem verstanden, das sich seiner existentialistischen Herkunft nicht mehr so recht erinnert, sondern vielmehr als ein Bekenntnis zu einer gewissen Pragmatik. Der innerösterreichische Diskurs wurde in den letzten Jahren vor allem seit den Bundespräsidentschaftswahlen von 1986 in zunehmendem Maße von der Tatsache bestimmt, daß viele Fakten, die diese Alpenrepublik, die sich so fein herauszuputzen verstand, in einem wenig günstigen Lichte erscheinen lassen, einfach unterschlagen wurden. Die notwendige Restitution hervorragender Kunstwerke in der jüngsten Vergangenheit an ihre rechtmäßigen BesitzerInnen mag als die Spitze dieses Eisberges gelten. Es gibt wenig Beispielfälle in der Geschichte, in denen der Gang in die Archive, die Sicherung von Zeugnissen verschiedenster Art eine so eindrückliche Rolle in der kritischen Selbstdefinition einer Nation spielten. Sofern man von der Notwenigkeit einer solchen kritischen Reflexion der eigenen Vergangenheit überzeugt ist, ist die Unabdingbarkeit der archivarischen Sicherung einleuchtend.

Ich habe so gewissermaßen von einem negativen Element her den Zugang zu einem positiven gesucht und, wie ich meine, auch gefunden. Dabei stehen zu bleiben, wäre der Sache nicht dienlich und würde zudem die Perspektive verzerren. Aber jede wissenschaftliche Ambition ist auch verpflichtet, der Behebung eines Mangels zu dienen, und gerade im Zusammenhang des Umgangs mit der Vergangenheit waren auf dem Gebiete der Geisteswissenschaften in Österreich häufig Defizite feststellbar. Daß gerade die Literatur entscheidend für die Bewußtseinsbildung auf diesem Bereich war, gilt nicht nur für Österreich, sondern trifft auch auf andere Nationen zu, aber seit der Mitte der 1960er Jahre hat die Literatur diesen Diskurs einer kritischen Auseinandersetzung mit der Vergangenheit entschieden getragen. Das vermindert keineswegs die Verdienste der HistorikerInnen auf diesem Feld, daß aber die Schriften der AutorInnen einen öffentlichkeitswirksamen Einfluß hatten, ist jedem, der die literarische Szene in Österreich während der letzten zwanzig

Jahre beobachten konnte, einsichtig.

Die germanistische Forschung hat sich seit der Mitte der 1970er Jahre auch in zunehmendem Maß mit der Literatur zwischen den beiden Weltkriegen beschäftigt und dabei zahlreiche Korrekturen an den kurrenten Bildern in den Literaturgeschichten durchführen müssen. Ich will hier nicht auf die Besonderheitsidentität der österreichischen Literatur eingehen; das ist ein Dauerbrenner für Diskussionen, der sich in diesem Zusammenhang nicht vermeiden läßt, geht es doch darum, Gründe dafür zu finden, warum es ein österreichisches Literaturarchiv sein sollte, das vermißt wurde. Die Arbeiten aus den 1970er Jahren haben in aller Deutlichkeit gezeigt, daß die Rahmenbedingungen für jene, die in Österreich schrieben, doch ganz andere waren als die der SchriftstellerInnen in der Weimarer Republik, ja daß in den Literaturgeschichten zwar wohlwollend auf die großen Namen der Epoche nach 1918 eingegangen wurde, aber meist so, als ob sie irgendwie im Gleichtakt mit der Entwicklung des Deutschen Reiches stünden. Kurzum, Namen wie Hugo von Hofmannsthal, Karl Kraus, Stefan Zweig, Robert Musil, Hermann Broch oder Joseph Roth wurden in Ehren genannt, aber das Umfeld, dem sie entstammten, wurde selten thematisiert, kurzum die sehr labile Grundlage der Ersten Republik und die höchst problematischen politischen Verhältnisse des Ständestaates in der Zeit von 1934 bis 1938 wurden kaum zur Kenntnis genommen. Der Revisionsprozeß, den die Literaturwissenschaft in den 1970er Jahren vor allem in Österreich mit namhafter Unterstützung von ForscherInnen besonders auch aus dem angelsächsischen Raum durchführte, wurde zwar vereinzelt wahrgenommen, daß er sich in der deutschen Literaturgeschichtsschreibung denn auch durchgesetzt hätte, läßt sich aber nicht behaupten, und so kann mit Fug und Recht gesagt werden, daß dieses Verfahren der Aufarbeitung und Deutung von Quellen aus der Zeit nach dem Ersten Weltkrieg noch zu keinem Ende gekommen ist. Die Reflexion auf die Sozialgeschichte der Österreichischen Literatur vom Ende des Ersten Weltkrieges an bis in unsere Tage ist zwar erfolgreich initiiert, aber noch nicht zu einem befriedigenden Ende gekommen.

Die Hochschulgermanistik an allen fünf österreichischen Universitäten war wesentlich daran beteiligt, neue Grundlagen für die Literaturgeschichte Österreichs zu erarbeiten. Die Koordination der Forschungsarbeiten war und ist eine der wichtigsten Aufgaben der germanistischen Literaturwissenschaft. Die Sicherung und Sichtung von Nachlässen, ihre adäquate Aufarbeitung in eigens dafür ausgestatteten Archiven erwies sich als unabdingbare Grundlage für die weitere Forschung. Ein Projekt, das den Titel »Österreichische Nachlässe« hatte, wurde in den Jahren 1983 bis 1988 als Schwerpunktprogramm des Fonds zur Förderung der wissenschaftlichen Forschung (FWF) durchgeführt. Wesentlichen Anteil hatte an diesem Unternehmen der Salzburger Germanist Walter Weiss. Neben Katalogen der an den öffentlichen Bibliotheken zugänglichen Nachlässe, neben einem Regelwerk zur Aufarbeitung von Nachlässen, das Christoph König, derzeit Professor in Osnabrück, verfaßt hatte, sowie der mit Methoden der damals noch vergleichsweise jungen elektronischen Datenverarbeitung erstellten Ausgabe der literarischen Werke und Tagebücher Musils entstand auch ein von Murray Hall und Gerhard Renner erstelltes Verzeichnis der Nachlässe österreichischer SchriftstellerInnen, ein Werk, das bis heute die einzige Überblicksdarstellung für die Recherche zu österreichischen Nachlässen darstellt.

Der Gang der Geschichte, zumindest jener Europas und des Altertums, stimmt uns auch nicht besonders hoffnungsvoll. Wenn wir die hohen Standards der antiken Philologie und der bibliothekarischen Praxis in Alexandria und an anderen Orten in der hellenistischen Zeit und den Verfall dieser Standards bis in die Renaissance in Rechnung stellen, wenn wir die mühsame Rekonstruktion der Antike in verschiedenen Disziplinen als einen elementaren wissenschaftsgeschichtlichen Vorgang und uns selbst als Fortsetzer dieser alexandrinischen Leidenschaft des Sammelns und Archivierens begreifen, dann werden uns die Grenzen unserer Möglichkeiten und vor allem die Bedrohung, denen unser Schaffen ausgesetzt ist, schmerzlich bewußt. Wir verhalten uns so, als ob wir durch das Archiv Dauer und verläßlichen Schutz der Archivalien herstellen könnten, müssen aber mit einer an Sicherheit grenzenden Wahrscheinlichkeit davon ausgehen, daß die Spuren unserer Erdentage verwischt und im besten Falle von einer emsigen Generation von Zukunftsphilologen partiell rekonstruiert werden. Wir selbst aber, die wir immer noch unter dem Zwang zur Archivierung und zur Replastizierung des Gewesenen stehen, sind so sehr Kinder des rekonstruktionsfreudigen 19. Jahrhunderts, daß wir uns kaum der Mühe unterziehen, diese Vorhaben zu rechtfertigen. Es ist, so meine ich, durchaus angebracht, sein Tun immer unter diesem – zugegebenermaßen – sehr barocken Aspekt der Vergänglichkeit zu betrachten und unsere kreative Phantasie in den Dienst einer Archäologie der Zukunft zu stellen, so daß unsere Umgebung im Rahmen eines Gedankenexperiments in ein Gräberfeld oder in eine Ruinenlandschaft verwandelt wird. Ich drehe also bewußt Sigmund Freuds berühmte Vision einer Wiederherstellung des Forum Romanum in seiner Schrift »Das Unbehagen in der Kultur« um; gegen Freuds Intention, das Entstellte plastisch wiederherzustellen, setze ich das sichere Wissen um die Zerstörung des Bestehenden. Der Blick auf den Untergang vieler Kulturen läßt keine andere Vision zu – eine sicherlich deprimierende Sicht der Dinge, wir wollen ihr aber nicht zu lange anhängen, denn das könnte uns an unserem Tun zweifeln lassen. Skeptisch stimmt auch eine Gegenwart, die nachdrücklich an einer umfassenden Enthistorisierung unseres Bewußtseins arbeitet. Diese Bedenken lassen uns keineswegs frohgemut in die Zukunft blicken, doch wäre es töricht, deshalb jede konkrete Arbeit im Archiv aufzugeben.

Dieser Forschungsschwerpunkt des FWF-Projekts »Österreichische Nachlässe«, der eindeutig auch das öffentliche Interesse an einer Erschließung des Arbeitsgebietes dokumentierte, lieferte die Grundlage für die Errichtung eines österreichischen Literaturarchivs, wodurch eine Verbesserung der Standards der Nachlaßsicherung und -bearbeitung erfolgen sollte. Es galt, das Interesse der Politik dafür zu wecken, denn ohne die Budgetierung durch das zuständige Ministerium wäre es nie so weit gekommen. Hier galt es einige Hürden zu überwinden. Der Beschluß, die Institution der Österreichischen Nationalbibliothek anzugliedern, wurde rasch gefaßt. Bislang gab es einige Literaturarchive auf regionaler Ebene – vor allem das Brenner-Archiv, das der Universität Innsbruck als Forschungsinstitut angegliedert war, sei wegen seiner Pionierleistung

in diesem Zusammenhang besonders erwähnt. Die Gründung eines
Österreichischen Literaturarchivs in Wien fand natürlich nicht unge-
teilte Zustimmung. In einem Land, das föderalistisch konzipiert und
zentral regiert wird, ist die Balance zwischen den Bundesländern
und der Kapitale ein Problem, das so bald nicht behoben wird, und
es ist nur natürlich, daß auch das Österreichische Literaturarchiv
daran laboriert. Das Archiv wurde 1989 gegründet, allerdings ohne
Personal; es war vorerst ein virtuelles Archiv also. Auf Projektbasis
wurde von Volker Kaukoreit, der sich vor allem bei der Sicherung
des Nachlasses von Erich Fried große Verdienste erworben hatte,
die Arbeit aufgenommen. Nachdem die Leitung und das Personal
bestellt waren, konnte 1996 mit der Arbeit begonnen werden, und
zwar an einem Ort, der die Institution in einem fast verdächtig hohen Maße privilegierte: Welcher Ort könnte in Wien zentraler sein
als die Hofburg?

Damit begannen freilich auch die Probleme. Es war eine Zeit, die
den Archiven günstig war; andere Archive wurden auf regionaler Basis gegründet – derzeit hat jedes Bundesland ein Literaturarchiv.
Daß das Österreichische Literaturarchiv am besten ausgestattet ist,
sei hier erwähnt, nur darf daraus nicht der Schluß gezogen werden,
daß es sich dabei um Abundanz der Mittel handelt. Da nämlich die
meisten Archive wenig oder nichts für den Erwerb von Nachlässen
bekommen, wirkt das ›Etwas‹, das dem Österreichischen Literaturarchiv zugedacht wird, schon als sehr viel. Ich will hier nicht in die
ewige Klage mangelnder Mittel einstimmen, doch möchte ich auf
einige Punkte verweisen: Meine Wünsche bei der Bestellung zum
Leiter beinhalteten acht wissenschaftliche MitarbeiterInnen, fünf BibliothekarInnen, zwei SekretärInnen und drei LaborantInnen. Mir
wurden fünf wissenschaftliche MitarbeiterInnen, zunächst nur eine
Bibliothekarstelle – seit 2003 sind es zwei –, eine Sekretärin und
später ein Laborant zugeteilt. Das reguläre Einkaufsbudget wurde
in der Gründungsurkunde noch mit einer Summe angegeben, die
derzeit auf etwas weniger als die Hälfte geschrumpft ist. Die regulären Budgets anderer vergleichbarer Institutionen im In- und auch
Ausland sind nicht viel größer, doch fehlen uns zur Behebung des
Mangels Stiftungen und Sponsoren. Hier ist in Österreich immer
noch eine Kluft zu orten, die zwischen einer Gesellschaft, die über

Mittel verfügt, und der Literatur besteht: Die Aussöhnung zwischen dem Kapital und der Bildenden Kunst wie der Musik ist auf jeden Fall eher herzustellen als jene mit der Literatur, die umso widerborstiger wirkt, je näher man an die Gegenwart heranrückt. Vom Sport will ich ganz schweigen; doch – und ich bekenne in diesem Punkt, daß ich neidisch bin – würde uns mit einem Bruchteil dessen geholfen sein, was – selbst in Österreich – Sponsoren für große Fußballvereine ausgeben.

Man hat mit guten Gründen in der letzten Zeit immer wieder an der Verknüpfung nationaler Gesichtspunkte mit literaturwissenschaftlichen Fragestellungen Kritik geübt. In der Tat ist diese Nationalisierung ein nicht unbedenkliches Kapitel unserer Disziplin, und mir ist die Annahme eines Konstrukts, das man als ein österreichisches Wesen bezeichnet, wesensfremd. Zum anderen aber sind bis in unsere Tage die Institutionen, in denen Bildung und Kultur verwaltet werden, immer noch an die staatlichen Stellen gebunden, und selbst die sogenannte Vollrechtsfähigkeit dieser Institutionen hat, was die fundamentalen Fragen der Verwaltung betrifft, wenig daran geändert. In diesem Sinne ist auch die Verwaltung eine Aufgabe, für die der Staat nicht aus der Verantwortung entlassen werden kann. Und wir haben als ForscherInnen die Aufgabe, der literarischen Produktion dieses Landes gerecht zu werden.

In der Zwischenzeit ist jedoch die österreichische Literatur auch zur Crux der österreichischen Germanistik geworden: Die überwiegende Zahl von Dissertationen und Habilitationen widmet sich – und unsere wachsamen KritikerInnen haben das registriert – der österreichischen Literatur, eine geradezu beklemmende Verösterreicherung bedroht unser Fach. Umgekehrt jedoch höre ich Klagen von StudentInnen: »Da komme ich nach Wien, und dann gibt es keine Vorlesungen über Schnitzler, Hofmannsthal, Kraus, Roth, Horváth, Handke, Musil, Bernhard«, und immer wenn ein Stück österreichische Literatur vom Ausland aus aufgearbeitet wird, ist schnell von einem Versäumnis der österreichischen Germanistik die Rede. Wir sehen uns also einem ›double bind‹ ausgesetzt, dem wir so bald nicht entkommen können. Wir wollen nicht Gefangene habsburgischer Mythen und in der Verlängerung Opfer eines österreichischen Größenwahns werden, der der österreichischen Literatur die Gabe zuspricht, allein selig zu machen; zum anderen besteht jedoch die Gefahr, das, was unsere wissenschaftliche Aufmerksamkeit anziehen sollte, zu vernachlässigen, wenn wir uns nicht dem Naheliegenden zuwenden. Da ist man dann schnell mit dem Verdikt des Provinziellen zur Hand, so es sich nicht um solche Werke handelt, die nach dem Urmeter der deutschen Literaturkritik gemessen werden, also von Musil, Roth oder Ingeborg Bachmann stammen. Im Falle Jelinek hat ja die deutsche Literaturkritik bewiesen, daß sie nicht zimperlich ist und in sattsam bekannten Reaktionen die alpinen Befangenheiten der Nobelpreisträgerin gerügt. Mag sein, daß gerade diese panische Angst vor dem Verdikt des Provinziellen die Österreicher in diese Monologe des Größenwahns treibt. Ich selbst bekenne mich zum Provinziellen, da ich kein Zentrum sehe, das ein Recht hätte, etwas auf Grund seiner Autorität zur Provinz zu erklären. Und wer ein zutiefst provinzielles Thema demiurgisch anpackt, der wird auch daran ein Interesse zu wecken vermögen, das selbst den urbansten Geschmack befriedigt.

Schließlich war die Literatur, die auf unvergleichliche Weise auch die Nachwelt beeinflußte, eine Regionalliteratur: Athen war mit den drei Tragikern Aischylos, Sophokles und Euripides, dem Historiker Thukydides, dem Philosophen Platon und dem Rhetor Demosthenes nicht mehr als ein kleiner Stadtstaat, dessen Literatur sich unserem Verständnis umso besser erschließt, je genauer wir um seine sozialen und politischen Rahmenbedingungen Bescheid wissen. Ich will nun Österreich durch den Vergleich mit Attika nicht hinauflizitieren, aber doch darauf beharren, daß es Sinn macht, sich mit der Literatur aus Österreich so zu befassen, daß man ihre Voraussetzungen in literarischer wie außerliterarischer Hinsicht berücksichtigt. Dann wird man besser verstehen, was an dieser Literatur provinziell sein mag und was doch die vergleichsweise engen Grenzen des Landes zu überschreiten vermag.

Eine Institution muß sich durch ihre Arbeit legitimieren. Vieles ist geglückt, vieles ist versäumt worden, vieles ist auch nicht geglückt. Die ersten zehn Jahre waren mehr als ein Probelauf. Das Scheitern einzelner Unternehmungen war lehrreicher als das Gelingen anderer. Das Interesse des Österreichischen Literaturarchivs konzentriert sich aus begreiflichen Erwägungen vor allem auf die Zeit nach 1945. Das hängt einerseits mit dem sprunghaften Anwachsen des Materials zusammen, andererseits auch mit dem Prestige, das sich die österreichische Literatur vor allem seit Mitte der 1960er Jahre erwerben konnte. Die neuen Medien, die radikale Verwandlung des Schreibprozesses und damit auch der Aufschreibesysteme, Entwicklungen, die weltweit zu einem gesteigerten Interesse an Vorlässen geführt haben, die sprunghafte Preissteigerung auf dem Antiquariatsmarkt, die fortwährende Revolutionierung in der Kataloggestaltung, dies alles sind Herausforderungen, von denen jedes Literaturarchiv betroffen ist. Seit 1996 wird der Notwendigkeit des Austausches zu diesem Thema unter den Institutionen mit den jährlich stattfindenden Arbeitstagungen der österreichischen Literaturarchive (KOOP-LITERA) nachgekommen. Die Literaturarchive sind an einem Schnittpunkt angesiedelt, der in hohem Maße zur Reflexion anregt: Da kreuzen sich Geschäftsdenken, Literaturkritik, Literaturwissenschaft, Literaturbetrieb und Bibliothekswissenschaft mit all ihren Feinheiten – man möchte meinen, daß da niemand Fachfrau oder Fachmann sein kann, sondern allenfalls die produktiven DilettantInnen gefordert sind. Überfordert sind wir allesamt, aber gerade dadurch wahren wir auch den Respekt vor der Materie. Ich meine, daß die Literaturarchive zu einer Bereicherung der literarischen Landschaft beitragen können und müssen. Einige Archive in der Bundesrepublik und in Frankreich haben das schon bewiesen. Das Archiv als Ort, an dem das Gespräch über Literatur weitergeführt werden kann und auch als Ort, an dem der Beweis geführt wird, daß mit dem Tod einer Autorin oder eines Autors es mit dem Werk noch nicht zu einem Ende gekommen ist. Damit soll auch, wie dies anderswo schon geschehen ist, der Literaturwissenschaft eine vitale Dimension gegeben werden. Wer sich auf die Arbeit in den Literaturarchiven einläßt, wird begreifen, daß es hier zu einer fruchtbaren Tätigkeit kommt, die auf der einen Seite den praktischen Sachverstand bei der Auseinandersetzung mit der höchst konkreten Materie erfordert, daß es auf der anderen Seite der Kenntnis auch der theoretischen Voraussetzungen bedarf, um die ästhetische Dimension dieser Produkte zu würdigen.

Wenn ich von meinen Interessen hier sprechen darf, so geht es mir – und vielen hierorts tätigen LiteraturwissenschaftlerInnen – vor allem darum, Entstehungsprozesse zu studieren, zu analysieren und zu vergleichen und somit bewußt zu machen, wie komplex und unterschiedlich von Fall zu Fall die Herstellung von Literatur ist, und wie sich das, was wir als das Unverwechselbare und Sublime an den Texten fassen wollen, als Ergebnis einer gewaltigen Arbeitsleistung durch das Studium der Dokumente erschließt. Das Österreichische Literaturarchiv hat immer Wert darauf gelegt, die vorhandenen Materialien in diesem Sinne zugänglich zu machen, sei es durch Publikationen, Seminare oder Ausstellungen. Vielleicht gelingt uns der Nachweis, daß die Befassung mit Literatur, just im Sinne der Literaturwissenschaft, ihren Sitz im Leben hat.

»Funktion einer Koordinierungsstelle«
Nationale und internationale Kooperationen des Österreichischen Literaturarchivs

VOLKER KAUKOREIT

Bereits während der frühen Konzeptionierung des Österreichischen Literaturarchivs (ÖLA) durch das Bundesministerium für Wissenschaft und Forschung definierte ein internes Papier, daß der neuen Institution »die Funktion einer Koordinierungsstelle für zentrale Aufgaben [...] der bereits bestehenden Literaturarchive und vergleichbarer Einrichtungen in Österreich zu[käme]«.[1] Diese Aufgabe wurde noch im Jahr der Bestellung von Prof. Wendelin Schmidt-Dengler zum Archivleiter in Angriff genommen. Im September 1996 wurden vom Literaturarchiv zunächst die entsprechenden Wiener Institutionen zu einer Tagung zum Thema Nachlaßerschließung eingeladen. Das dort deutlich artikulierte Interesse an Erfahrungsaustausch, Erwerbungsabstimmungen und einer so weit wie möglich gemeinsamen Erschließungspraxis führte, wiederum an der Österreichischen Nationalbibliothek (ÖNB), noch im November desselben Jahres zur Einberufung einer landesweiten Arbeitstagung der Literaturarchive. Damit war der Grundstein für eine nationale Arbeitsgemeinschaft gelegt, die später – unter organisatorischer Beteiligung der Wiener Stadt- und Landesbibliothek (heute Wienbibliothek im Rathaus) – den Namen KOOP-LITERA erhielt. Die seither jährlich stattfindenden Treffen machten mittlerweile in allen Bundesländern

---

1   Konzept ÖSTERREICHISCHES LITERATURARCHIV (ÖLA), Typoskript (Kopie, 13 Blatt), undatiert, höchstwahrscheinlich aus dem Akt zum Erlaß des Bundesministeriums für Wissenschaft und Forschung Z1.1400/10-31/88 vom 2. April 1989 (vgl. dazu auch das Verordnungsblatt BMUKS/WF. Nr. 49/1989).

Station, zuletzt 2006 in Salzburg (vgl. Abb. 2).[2]
Entscheidende und zukunftsweisende Arbeitsresultate konnten bereits auf dem zweiten Treffen in Bregenz 1997 erzielt werden. Dort wurde u. a. die Einrichtung einer Art Expertengruppe als Kommission »Nachlaßbearbeitung« innerhalb der Vereinigung Österreichischer Bibliothekarinnen und Bibliothekare (VÖB) beschlossen, die seither in Abstimmung mit dem KOOP-LITERA-Verbund eine Reihe von Empfehlungen in bezug auf die literatur-archivalische Tätigkeit in Österreich abgegeben hat (u. a. zum Umgang mit Nachlaßbibliotheken und einen Geschäftsgang zum Bereich Erwerbung). Des weiteren ›institutionell‹ gestärkt wurde die Zusammenarbeit durch das vom Bundesministerium für Unterricht und kulturelle Angelegenheiten finanzierte und ab dem 1. März 1997 am ÖLA angesiedelte Projekt »Koordination der datenunterstützten Vernetzung österreichischer Literaturarchive« (Durchführung: Andreas Brandtner). Das Projekt prüfte in einer ersten Phase die Voraussetzungen und die in Frage kommenden internationalen Standards für einen koordinierten Datenaustausch zwischen den Literaturarchiven Österreichs.[3] Die Fortführung des Projekts, das von Februar 1998 bis Januar 1999 von der ÖNB übernommen wurde, führte auf verschiedenen Ebenen (darunter »Erwerbungsmöglichkeiten, Erschließungsvorgaben, Computerisierung«) zu einem intensiven Austausch mit 40 Institutionen, somit »sämtliche[n] Literaturarchive[n] im engeren Sinn, Literaturhäuser[n], Landesarchive[n] sowie überregionale[n] Archive[n] und Handschriftensammlungen wissenschaftlicher Bibliotheken«.[4]

2 Vgl. die Tagungsberichte über die Treffen in Innsbruck 1998, Linz 1999 und Wien 2002. In: Sichtungen. Archiv – Bibliothek – Literaturwissenschaft. Hg. vom Österreichischen Literaturarchiv der Österreichischen Nationalbibliothek, zsgest. von Andreas Brandtner, Volker Kaukoreit und Ingrid Schramm. Bd. 2. Wien: Turia + Kant 1999, S. 292–294 (Andreas Brandtner), Bd. 3 (2000), S. 222f. (Thomas Csanády / Julia Danielczyk), Bd. 4/5 (2001/2002), S. 333–339 (Julia Danielczyk / Christina Kleiser), darüber hinaus die Dokumentation der KOOP-LITERA-Tagungen unter: http://www.onb.ac.at/koop-litera/termine/termine-archiv.html (Stand 2. Juni 2006).

3 Vgl. Andreas Brandtner: Koordination der datenunterstützten Vernetzung österreichischer Literaturarchive. In: Sichtungen. Archiv – Bibliothek – Literaturwissenschaft. Bd. 1. Wien: Turia + Kant 1998, S. 165–167.

4 Vgl. Andreas Brandtner: Koordination der datenunterstützten Vernetzung österreichischer Literaturarchive II. In: Sichtungen Bd. 2 (Anm. 2), S. 243–246.

Abb. 2: Petra Maria Dallinger (Linz), Klaus Kastberger (Wien), Arno Russegger (Klagenfurt) und Erika Wimmer (Innsbruck) bei der Podiumsdiskussion zum Thema »Literaturarchive und ihre Klientel. Vom Nutzen des Kontakts mit der akademischen Forschung und Lehre« auf dem 12. Treffen der Österreichischen Literaturarchive in Salzburg, 12. Mai 2006 (Foto: Martin Wedl)

Weitere zentrale Ergebnisse der Tätigkeit im Rahmen des beschriebenen Kooperationsnetzwerks lassen sich auf nationaler Ebene wie folgt skizzieren:

- Übernahme der »Regeln zur Erschließung von Nachlässen und Autographen« in Österreich (s. u.)
- Versorgung einzelner Literaturarchive mit der auf »allegro-C« basierenden Spezialdatenbank »HANS« (darauf aufbauend das Projekt einer gemeinsamen Verbunddatenbank im System Aleph, s. u.)
- Bereitstellung der Sparte »Mitteilungen aus anderen Archiven« in dem – ab 2001 von der Wienbibliothek im Rathaus mitherausgegebenen – ÖLA-Periodikum »Sichtungen« mit zunehmender Einbindung internationaler Beiträger (Verlag: Turia + Kant 1998ff.)

23

- Sukzessiver Aufbau einer KOOP-LITERA-Homepage

»Mit MALVINE ins Internet« überschrieb am 30. Juli 1996 die »Kleine Zeitung« einen Beitrag zum Österreichischen Literaturarchiv und hob damit die Tatsache hervor, daß sich die junge Institution von Beginn weg auch an internationalen Kooperationsprojekten beteiligte, naheliegenderweise an solchen der Europäischen Union, der Österreich im Jahr zuvor beigetreten war. Unter der Federführung der Staatsbibliothek zu Berlin – Preußischer Kulturbesitz (SBB) entwickelten die ÖLA-Projektnehmer Andreas Brandtner und Max Kaiser mit den Partnern Biblioteca Universidad Complutense (Madrid), Biblioteca Nacional de Portugal (Lissabon), British Library (London), Deutsches Literaturarchiv (Marbach), Forschungsstelle und Dokumentationszentrum für Österreichische Philosophie (Graz), Institut Mémoires de l'édition contemporaine (IMEC [Paris / Caen]) und dem Schweizerischen Literaturarchiv / Schweizerische Landesbibliothek (Bern) die Suchmaschine MALVINE. Sie ermöglicht, die Handschriften und Nachlaßbestände in den genannten Institutionen mit einem Zugriff zu recherchieren, so, wie es das aufgelöste Akronym festhält: »Manuscripts and Letters via Integrated Networks in Europe«. Mit Unterstützung eines MALVINE-Konsortiums, dem auch die Österreichische Nationalbibliothek angehört, ist die Suchmaschine auf einem Server der SBB aktiv. Zu hoffen ist, daß der Betrieb weiterhin gewährleistet bleibt, da er durch die Anforderungen der enorm schnellen und kostenintensiven Veränderungen der technischen Profile im IT-Bereich gefährdet ist.

Als nachhaltig ›widerspenstig‹ erwies sich für MALVINE der Umgang mit den in den verschiedenen Ländern unterschiedlichen Schreibweisen von Eigennamen, dem mitunter so bezeichneten »Tschaikowsky-Problem«. Sehr vereinfacht dargestellt betrifft dies die Gewährleistung der maschinellen Suchbarkeit von ein und derselben Person bei abweichenden Namensansetzungen, konkret etwa eine gebündelte Treffermenge für ›Tschaikowsky‹, ›Tschaikovsky‹ und ›Tschaykovsky‹ in Kombination mit den Vornamen ›Peter Ilyich‹ und ›Pjotr Iljitsch‹ oder Schreibungen wie ›Petr I. Cajkovskij‹ und ›Pietro Tciaikowski‹. Um dieser Schwierigkeit Herr zu werden, existieren sogenannte Normdateien (›authority files‹), im Bereich deutschsprachiger Bibliotheken die »Personennamendatei« (PND). Da jedoch die

PND im weiteren europäischen Kontext unverbindlich ist, mußte für das Tschaikowsky-Problem eine weitergehende Lösung angestrebt werden. So wurde in Anknüpfung an MALVINE das EU-Projekt LEAF (»Linking and Exploring Authority Files«) eingereicht, bewilligt und von 2001 bis 2004 durchgeführt, erneut unter maßgeblicher Beteiligung des Österreichischen Literaturarchivs.

Während die von LEAF erarbeiteten Lösungsvorschläge – ebenfalls aufgrund technischer und finanzieller Hürden – noch nicht in einen europäischen ›Normalbetrieb‹ eingebracht werden konnten, ist die Anwendung der PND für deutschsprachige Literaturarchive sowie verwandte Institutionen – freilich abhängig von den organisatorisch bedingten Zugriffsbeschränkungen – seit 1997 verbindlich, so jedenfalls nach Vorgabe der bereits erwähnten »Regeln zur Erschließung von Nachlässen und Autographen« (RNA). Auch in bezug auf dieses von der Deutschen Forschungsgemeinschaft (DFG) in Auftrag gegebene und 1997 in Buchform erschienene Regelwerk[5] verfolgte das ÖLA seine nationalen und internationalen Kooperationsanstrengungen: Unmittelbar nach der Prüfung der RNA mit den österreichischen Partnerinstitutionen und der darauf erfolgten Empfehlung des Regelwerks durch die genannte VÖB-Kommission »Nachlaßbearbeitung« beteiligten sich Andreas Brandtner und der Berichterstatter an der DFG-Arbeitsgruppe zur Weiterentwicklung der RNA (Meeting an der Staats- und Universitätsbibliothek Göttingen im Januar 1998). Diese Mitarbeit führte wenige Jahre später in Absprache mit der DFG zu einem Kooperationsabkommen zwischen SBB und ÖNB / ÖLA, die 2002 als hauptverantwortliche Institutionen die erforderliche Pflege der RNA übernahmen und 2006 eine grundlegend revidierte Fassung des Regelwerks vorzulegen beabsichtigen.[6]

Darüber hinaus eruierte und bewertete das Projekt »Koordination der datenunterstützten Vernetzung österreichischer Literaturarchive« den Einsatz geeigneter Datenbanken und empfahl jenen Institu-

---

5   Regeln zur Erschließung von Nachlässen und Autographen. RNA. Hg. von der Deutschen Forschungsgemeinschaft, Unterausschuß für Nachlaßerschließung. Berlin: Deutsches Bibliotheksinstitut 1997 (= Schriften der deutschen Forschungsgemeinschaft).

6   Die neue Fassung wird über die Kalliope-Homepage der SBB zugänglich sein (s. weiterführende Links am Ende des vorliegenden Beitrags), eine neue Printausgabe ist – soweit finanzierbar – vorgesehen.

tionen, die noch über keine elektronische Datenverarbeitung verfügten, das kostengünstige, an der Staats- und Universitätsbibliothek Hamburg entwickelte System HANS.[7] Mit Unterstützung der Kommission »Nachlaßbearbeitung« wurden daraufhin vom ÖLA aus einzelne österreichische Einrichtungen mit der HANS-Datenbank versorgt. Daraus resultierte, daß sich einige dieser Partnerinstitutionen – wie bereits vorher das ÖLA – der HANS-Anwendergemeinschaft[8] anschlossen und an deren jährlichen Tagungen in Deutschland und Österreich (u. a. an der ÖNB) teilnahmen, was auch einen spürbaren Mehrgewinn im Rahmen des internationalen Erfahrungsaustauschs in Sachen Nachlaß-Katalogisierung bedeutete.

Während sich die HANS-Datenbanken bei einzelnen Partnern – lokal oder online und zum Teil in verjüngter Windows-Adaption – nach wie vor bewähren, wurde an der ÖNB 2004 ein Migrationsprojekt mit dem Ziel initiiert, die ÖNB-eigenen HANS-Daten in das Bibliothekssystem Aleph zu überführen, um damit unter anderem eine bessere Nutzung von Normdateien wie der PND zu garantieren. So entstand 2006 die neue Datenbank »Handschriften, Nachlässe und Autographen« (HANNA) – aller Planung nach auch die erste Verbunddatenbank für Nachlaßbestände, Handschriften etc. in Österreich. Mag der Start dieses Verbunds mit nur fünf Teilnehmerinnen und Teilnehmern[9] zunächst noch relativ bescheiden wirken, so besteht daneben das vom KOOP-LITERA-Netzwerk verfolgte Interesse, sobald als möglich alle Nachlässe in Österreich in HANNA nachzuweisen, und damit einen Ersatz für bisherige, ebenso verdienstvolle wie mittlerweile hoffnungslos überholte Standard-Repertorien[10] zu schaffen.

7   Vgl. http://www.sub.uni-hamburg.de/informationen/projekte/hans/hans.htm (Stand 2. Juni 2006).
8   Vgl. http://www.sub.uni-hamburg.de/informationen/projekte/hans/anwendergem.html (Stand 2. Juni 2006).
9   Stand der Kooperationspartnerschaft im Frühjahr 2006: Forschungsinstitut Brenner-Archiv (Innsbruck), Österreichische Nationalbibliothek (Wien), Stiftung Salzburger Literaturarchiv (Salzburg), Adalbert-Stifter-Institut des Landes Oberösterreich / Oberösterreichisches Literaturarchiv (Linz), Universitätsbibliothek Graz / Nachlass-Sammlung (Graz).
10   Bei diesem Projekt, dessen Finanzierung im Sommer 2006 noch nicht gesichert war, handelt es sich, vereinfacht gesagt, um eine elektronische Fortsetzung von Gerhard Renner: Die Nachlässe in den Bibliotheken und Museen der Republik Österreich ausgenommen die Österreichische Nationalbibliothek und das Österreichische Theatermuseum. Wien, Köln, Weimar: Böhlau 1993, sowie Murray Hall, Gerhard Renner: Handbuch der Nachlässe

Damit sind die nationalen und internationalen Kooperationsbemühungen des Österreichischen Literaturarchivs (und seines KOOP-LITERA-Umfeldes) noch keineswegs erschöpfend dargelegt. Zu den vielfältigen weiteren Aspekten gehören etwa die Zusammenarbeit mit österreichischen und europäischen Literaturinstitutionen und Museen hinsichtlich des gegenseitigen Austauschs von Ausstellungen (z. B. die Hans-Morgenthaler-Schau der Schweizerischen Landesbibliothek am ÖLA 1999 oder die Eigenproduktion »Der literarische Einfall«, die u. a. in Antwerpen, Bern, Bregenz, Düsseldorf, Graz, Linz und Prag gezeigt wurde).[11] Parallel dazu wird der enge Kontakt mit zentralen Archiven in Deutschland und der Schweiz gepflegt, die sich über ihre Erwerbungsstrategien und die Entwicklung der Marktpreise austauschen, um eine etwaige Konkurrenz auf internationalen Auktionen zu vermeiden, was übergreifend auch auf einer Tagung der deutschen Kulturstiftung der Länder 1997 in der Akademie der Künste (Berlin) unter Beteiligung des ÖLA thematisiert wurde. Daneben partizipierte das ÖLA nicht nur an dem von den KollegInnen des französischen IMEC (s. o.) initiierten Versuch, ein dem KOOP-LITERA-Projekt vergleichbares europäisches Netzwerk unter dem Namen »Réseau européen d'archives littéraires et éditoriales« (REALE) zu etablieren (1999),[12] sondern engagierte sich auch in Nordafrika, als die marokkanischen KollegInnen die Gründung eines landeseigenen Literaturarchivs planten und Informationen über die Standards der deutschsprachigen Archivpraxis wünschten (1999).[13]

Maßgebend ist ebenso das Anliegen einer engen kooperativen Bindung an die akademische Öffentlichkeit. Auf nationaler Ebene findet es seinen Ausdruck in der Beteiligung von ÖLA-MitarbeiterInnen an Lehrveranstaltungen in Verbindung mit dem Institut für Germanistik der Universität Wien, jedoch auch im Bereich des noch

---

und Sammlungen österreichischer Autoren. Wien, Köln, Weimar: Böhlau 1992 (zweite, neu bearbeitete und erweiterte Auflage 1995).

11   Vgl. dazu auch »WASSERSPRACHEN: Flüssigtexte aus Österreich«. Eine Ausstellung des StifterHauses Linz in Kooperation mit dem Österreichischen Literaturarchiv (ab dem 7. November 2006 im StifterHaus Linz).

12   »1ère rencontre, 16, 17 septembre 1999, L'abbaye d'Ardenne, Caen«. Das Projekt wäre letztendlich nur durch Förderung aus Mitteln der Europäischen Union realisierbar gewesen, wofür in Brüssel jedoch keine Gelder zur Verfügung standen.

13   Tagung in Rabat in Verbindung mit dem Goethe-Institut, Frühjahr 1999.

jungen interuniversitären Studiengangs »Master of Science (MSc) Library and Information Studies«. In Zusammenhang mit Pflicht- praktika innerhalb der bibliothekarischen Ausbildung betreut das ÖLA fernerhin ausländische PraktikantInnen, vor allem solche aus Deutschland, die zum Teil das erlernte Know-how in akademische Abschlußarbeiten an ihren heimischen Hochschulen einbringen.[14] Des weiteren international wendet sich das Literaturarchiv an das akademische Publikum nicht nur durch Veranstaltungen für stu- dentische StipendiatInnen (z. B. die Franz-Werfel-StipendiatInnen aus Osteuropa), sondern auch durch die Teilnahme an Archivsym- posien (z. B. in Deutschland und der Schweiz)[15] und durch Vorträ- ge über das ÖLA vor Fachkolleginnen und -kollegen der Literatur- wissenschaft an der Universität St. Petersburg oder der Michigan State University (beides 1996). Zudem ist das Archiv aktives (Aus- schuß-)Mitglied der »Arbeitsgemeinschaft für germanistische Editi- on« (Hauptsitz Universität Osnabrück).

Im Rahmen eines übergeordneten, kulturellen Auftrags beschrän- ken sich die Kooperationsbemühungen keineswegs nur auf die Zu- sammenarbeit mit fachspezifischen und akademischen Kreisen. Selbstverständlich ist für das ÖLA der Kontakt und Austausch mit literarischen Institutionen wie der Alten Schmiede / Literarisches Quartier (Wien) und dem Literaturhaus Wien, Einrichtungen wie der Österreichischen Gesellschaft für Literatur (Wien) und literarischen Gesellschaften, die das ÖLA zum Teil mitbegründet hat und beher- bergt, so die Internationale Albert-Drach-Gesellschaft, die Interna- tionale Erich Fried-Gesellschaft für Literatur und Sprache sowie die George Saiko Stiftung. Als besonders kreativ erwies sich die koope- rative Archivpraxis schließlich immer auch dann, wenn sie Schulen miteinbezog, etwa schon sehr früh im Fall des Bundesrealgymnasi- ums Wien IX bei der Durchführung eines Schülerwettbewerbs zum

14 Vgl. z. B. die an der Stuttgarter Hochschule der Medien eingereichte Arbeit von Mathias Graner: Der literarische Nachlaß von Alois Vogel. Ordnung, Aufnahme und Charakterisie- rung des Bestandes am Österreichischen Literaturarchiv. Stuttgart: Dipl.-Arb. 2005.
15 Literaturarchive und Literaturmuseen der Zukunft. Bestandsaufnahme und Perspektiven. Tagung vom 10. bis 12. Mai 1999 in der Evangelischen Akademie Loccum. – Vom Umgang mit literarischen Quellen. Internationales Kolloquium vom 17. bis 19. Oktober 2001 in Bern.

75. Geburtstag des im ÖLA vertretenen Schriftstellers Erich Fried (1996). Der Titel der entsprechenden Dokumentation: »Lebendige Literatur«![16]

Weiterführende Links (Stand 2. Juni 2006):
KOOP-LITERA: http://www.onb.ac.at/koop-litera/
VÖB Kommission Nachlaßbearbeitung: http://www.univie.ac.at/voeb/
    php/kommissionen/nachlassbearbeitung/index.html
MALVINE: http://www.malvine.org
RNA: http://zka.staatsbibliothek-berlin.de/rna/rna_03.htm

---

16   Lebendige Literatur. Zu Erich Frieds 75. Geburtstag. Dokumentation eines Schülerwettbe-
    werbs. 1996. Hg. von Volker Kaukoreit und Wilhelm Urbanek im Auftrag des Bezirksmuse-
    ums Alsergrund, der Österreichischen Nationalbibliothek und des Bundesrealgymnasiums
    IX, Glasergasse (alle Wien). Wien: Turia + Kant [1996]. – Die entsprechende Schule wurde
    1998, wiederum mit Unterstützung des Österreichischen Literaturarchivs, in Erich Fried
    Realgymnasium umbenannt.

Edition und Interpretation
Literaturwissenschaftliche Forschung am Beispiel Ödön von Horváth

KLAUS KASTBERGER

Der gesamte Materialbestand zu Ödön von Horváth am Österreichischen Literaturarchiv (ÖLA) umfaßt neben dem eigentlichen
Nachlaß des Autors (ÖLA 3/90 – ein Teil davon als Leihgabe der
Wienbibliothek im Rathaus, Handschriftensammlung) einen Splitternachlaß vorwiegend mit Stammbüchern und Letztfassungen
(ÖLA 27/94) sowie die sogenannte Theaterdokumentation des Thomas Sessler Verlages (ÖLA 28/94), die die Aufführungspraxis Horváthscher Stücke von 1945 bis 1994 in Programmheften, Rezensionen, Plakaten u. ä. festhält. Auch der Nachlaß des langjährigen
Horváth-Herausgebers Traugott Krischke mit umfangreichen Materialien zum Autor und unverzichtbaren Dokumenten zur bisherigen
Editionspraxis befindet sich am ÖLA und bietet gemeinsam mit dem
umfassenden Bestand an Primär- und Sekundärliteratur, der den
BenutzerInnen im Freihandbereich der ÖLA-Bibliothek zugänglich
ist, der akademischen Forschung einen in dieser Geschlossenheit
seltenen wissenschaftlichen Apparat.

Daß die literaturwissenschaftliche Forschung am Nachlaß Horváths reges und in den letzten Jahren gar noch gesteigertes Interesse hat, dokumentiert sich in der Vielzahl in- und ausländischer BenutzerInnen, die (meist) spezifische Teile des Bestandes für ihre Forschungsarbeiten nutzen. Es zeigt sich diese ›Nachfrage‹ aber auch
in der starken Frequentierung durch StudentInnen (vorwiegend
der Germanistik und Theaterwissenschaft), die universitäre Arbeiten zu Horváth verfassen. Neben der anhaltenden Faszinationskraft
von Horváths Literatur im gesamten deutschsprachigen und zuletzt

auch verstärkt im osteuropäischen Raum liegt ein Grund des nach-
haltigen Interesses auch in der Lehrtätigkeit, die der Leiter und einige der wissenschaftlichen MitarbeiterInnen des ÖLA (in den meisten
Fällen: am Institut für Germanistik der Universität Wien) entfalten.
In Seminaren – darunter den regelmäßig angebotenen »Übungen an
Originalen«, die in den Räumlichkeiten des ÖLA stattfinden – werden Möglichkeiten und Wege aufgezeigt, die Bestände des ÖLA im
Rahmen studentischer Arbeiten zu nutzen. In vielen Fällen ergibt
sich daraus für das Archiv eine Synergie auch insofern, als in vielen
dieser Arbeiten die Ordnung und Ablage von Beständen zumindest
zu einem gewissen Teil integriert ist.

Finanziert über drittmittelgeförderte Projekte (vgl. dazu die Übersicht im vorliegenden Band, S. 127–135), wurde und wird das ÖLA
in vielen Fällen in der literaturwissenschaftlichen Auswertung seiner
Bestände auch direkt aktiv. Auf welchen Grundlagen eine derart ge-
staltete Forschung beruht und welche Richtungen sie einzuschlagen
vermag, soll im folgenden am Beispiel Horváth verdeutlicht werden.

Geschichte des Nachlasses und der frühen Ausgaben

Als der Autor am 1. Juni 1938 auf den Champs-Élysées starb, lagen von seinen Werken nur wenige selbständige Ausgaben vor: »Das
Buch der Tänze«, das 1922 in der Münchner Edition El Schahin erschienen war und das der Autor später aus dem Verkehr zu ziehen
suchte, der 1930 bei Propyläen publizierte Roman »Der ewige Spießer« sowie die beiden 1938 im Amsterdamer Exilverlag Allert de Lange erschienenen Romane »Jugend ohne Gott« und »Ein Kind unserer
Zeit«. Von den Theaterstücken Horváths haben es zu Lebzeiten des
Autors nur die »Italienische Nacht« (1930) und die »Geschichten aus
dem Wiener Wald« (1931) zu eigenen Buchpublikationen (ebenfalls
bei Propyläen) gebracht, ein für 1933 geplantes Buch mit den beiden
Volksstücken »Kasimir und Karoline« und »Glaube Liebe Hoffnung«
konnte nicht mehr erscheinen; die meisten Stücke Horváths lagen
in Bühnenskripten vor, die von den Theaterverlagen als sogenannte
Stammbücher in kleinen Auflagen hergestellt und verbreitet wurden.

Der literarische Nachlaß Horváths überdauerte den Nationalsozialismus in einem Münchener Banksafe und wurde nach 1945 von Lajos von Horváth betreut. Als Urheberrechtserbe unternahm der Bruder nach dem Krieg Versuche zur Etablierung des Werkes in Verlagen und am Theater; neben Neuausgaben der bis 1938 publizierten Bücher – »Der ewige Spießer«, »Italienische Nacht«, »Geschichten aus dem Wiener Wald«, »Jugend ohne Gott«, »Ein Kind unserer Zeit« – erschienen noch in den 1950er Jahren die beiden Stücke »Der jüngste Tag« und »Figaro läßt sich scheiden« als Einzelausgaben. 1961 – im gleichen Jahr wie der von Franz Theodor Csokor bei Stiasny herausgegebene Auswahlband »Unvollendet ...«, der Fragmente aus den beiden letzten Romanen und Teilabschnitte u. a. von »Geschichten aus dem Wiener Wald«, »Rund um den Kongreß« und »Pompeji« enthielt, kam bei Rowohlt mit den von Traugott Krischke herausgegebenen »Stücken« ein Sammelband mit neun Dramen auf den Markt, in dem nunmehr die wichtigsten Werke des Autors erstmals in vollständiger Form gedruckt und der Autor als Vertreter der Moderne präsentiert wurde.

Ende 1962, als die Horváth-Renaissance der nachfolgenden Jahre noch nicht abzusehen war, wurde der Nachlaßbestand von Lajos von Horváth dem Archiv der Akademie der Künste in Berlin übergeben, wo er mit Umfeldmaterialien (Erst- und Spätausgaben, Bühnen- und Rollentexte, Regiebücher, Dissertationen und Magisterarbeiten, Rezensionen, Programmhefte, Bühnenblätter, Plakate, Szenenbildentwürfe, Szenen- und Rollenphotos, Tonbänder und Filmkopien) angereichert[1] und auf Veranlassung des Archivleiters Walter Huder einer zweifelhaften Bearbeitung unterzogen wurde, die einige Fragen aufgeworfen hat. Im Zuge der Bearbeitung wurden beispielsweise Transkriptionen und Anschlußmarkierungen oft direkt in die Originale eingetragen; zusammenhängende Textstufen wurden wahrscheinlich teilweise getrennt, um innerhalb kleinerer Werkeinheiten (Akte und Kapitel) genetische Folgen herzustellen.[2]

---

1 Vgl. Walter Huder: Leserbrief. In: Der Spiegel, 29. Mai 1989, S. 14.
2 Vgl. Lieselotte Müller: Zum Ödön-von-Horváth-Nachlaß. Bericht über den Versuch, ein Ordnungssystem für das Manuskriptmaterial des Ödön-von-Horváth-Archives zu entwickeln. In: Jahrbuch für Internationale Germanistik, 1971, H. 2, S. 350–356.

Ende der 1970er Jahre verlangten die Erben Horváths (die dabei u. a. die Art der Berliner Bearbeitung kritisierten) den Bestand zurück. Es kam zu einem mehrjährigen und von vielen Medienberichten begleiteten Gerichtsverfahren, in dem den Erben schlußendlich das Besitzrecht zuerkannt wurde. Der Nachlaß sollte 1989 in London bei Sothebys versteigert werden, wurde aber wenig später außerhalb einer Auktion gemeinsam von der Wiener Stadt- und Landesbibliothek (heute: Wienbibliothek im Rathaus) und der Österreichischen Nationalbibliothek erworben. In Wien wurde der Gesamtbestand zunächst in der Handschriftensammlung der Österreichischen Nationalbibliothek verwahrt und im Rahmen eines Forschungsprojektes verzeichnet. Später wurde der Nachlaß, wie bei seinem Kauf festgelegt, innerhalb der Nationalbibliothek an das Österreichische Literaturarchiv übertragen.

Die Werkausgaben von Traugott Krischke

Insgesamt umfaßt der aus Berlin stammende Haupt-Nachlaß Ödön von Horváths (ÖLA 3/90) mehr als 5000 Blatt, wobei es sich zu über 95 Prozent um Werkmaterialien zu schriftstellerischen Arbeiten, also um Konzeptblätter, Skizzen, Textstufen und Fassungen zu Stücken und Prosaarbeiten sowie um nicht ausgeführte Entwürfe und Konzepte handelt. Umfangreiche Materialkonvolute unter Einschluß vieler Fassungsfragmente liegen zu »Glaube Liebe Hoffnung«, »Kasimir und Karoline«, »Geschichten aus dem Wiener Wald« und »Pompeji« vor, textgenetisches Material blieb aber zu fast allen Stücken des Autors erhalten. Was die Prosa betrifft, sind im Nachlaß umfangreiche Konvolute zu »Der ewige Spießer« und »Ein Kind unserer Zeit« vorhanden, wobei bei letzterem eine eigentliche Druckvorlage fehlt, was auch bei einigen Stücken Horváths der Fall ist. Im Nachlaßbestand findet sich weiters eine Gruppe mit kleiner Prosa, darunter ein Konvolut zu den »Sportmärchen«, eine Gruppe mit theoretischen und autobiographischen Texten, einige wenige Gedichte sowie eine Gruppe mit Arbeiten für den Film und Rundfunk.

Der größte Teil des Nachlaßbestandes wurde in der einen oder anderen und oftmals auch in zwei- oder mehrfacher Form von Traugott

Krischke, der von 1969 bis 1980 literarischer Nachlaßverwalter Horváths war, ediert.[3] Grundlegend ist die vierbändige Ausgabe der »Gesammelten Werke«, die Krischke gemeinsam mit Dieter Hildebrandt (bei den ersten drei Bänden noch unter Beteiligung von Walter Huder) 1970/71 herausgegeben hat. Bei dieser Ausgabe, die wie alle weiteren Horváth-Editionen Krischkes im Frankfurter Suhrkamp-Verlag erschien, handelte es sich um ein sehr ehrgeiziges Projekt. Nicht nur die Letztfassungen der Horváthschen Texte wurden präsentiert, sondern auch ein umfangreicher Bestand an »Fragmenten, Varianten und Exposés«, der den vierten Band der Ausgabe fast vollständig füllte. 1972 wurde die vierbändige Dünndruckausgabe in eine seitenidente achtbändige Taschenbuchausgabe transformiert. Ergänzend zu den »Gesammelten Werken« erschienen unter Krischkes Herausgeberschaft nach 1971 die meistverkauften Werke Horváths als Taschenbücher, daneben legte der Verlag in der Bibliothek Suhrkamp um singuläre Vorarbeiten und Fassungsvarianten erweiterte Ausgaben (beispielsweise von »Kasimir und Karoline«, »Glaube Liebe Hoffnung« und »Geschichten aus dem Wiener Wald«) sowie eine Ausgabe der nunmehr vollständig konstituierten Fassung des Romans »Sechsunddreißig Stunden« vor, bei dem es sich um eine Vorstufe zu »Der ewige Spießer« handelt, die Horváth ursprünglich beim Propyläen-Verlag eingereicht hatte.

1975 erschien unter dem Titel »Die stille Revolution« ein Sammelband mit kleiner Prosa; zwei Jahre später kam unter der völlig mißverständlichen Bezeichnung »Ein Lesebuch« ein Band mit vermischten Texten heraus, der neben Kurzprosa (für die als Sammeltitel abermals »Die stille Revolution« gewählt wurde), Fragmenten (»Neue Wellen« u. a.) und dem nochmaligen Abdruck des Romans »Sechsunddreißig Stunden« vor allem eine bis dato nicht publizierte Fassung der »Geschichten aus dem Wiener Wald« enthielt, die als »Volksstück in sieben Bildern« bis heute allen gängigen Ausgaben beigeschlossen ist.

In der 1978 erschienenen verbesserten Neuauflage der Taschen-

3 Vgl. dazu in allen Details die aktuelle Horváth-Gesamtbibliographie in: Vampir und Engel. Zur Genese und Funktion der Fräulein-Figur im Werk Ödön von Horváths. Hg. von Klaus Kastberger und Nicole Streitler. Wien: Praesens 2006, S. 129–160.

buchausgabe »Gesammelte Werke« in acht Bänden, in welcher nunmehr Walter Huder als Herausgeber fehlte, haben Krischke und Hildebrandt fehlende Quellenangaben teilweise nachgereicht; in der ab 1983 von Traugott Krischke unter Mitwirkung von Susanna Foral-Krischke herausgegebenen »Kommentierten Werkausgabe in Einzelbänden« wurden erneut Versuche zu einem besseren Ausweis der Kriterien und einer höheren Überprüfbarkeit der Editionen gemacht. Die »Kommentierte Werkausgabe« war ursprünglich auf 15 Bände projektiert, der editorisch schwierigste, letzte Band mit Skizzen und Fragmenten ist aber nie erschienen.

Am eigentlichen Problem von Krischkes Editionen haben diese Nachbesserungen, die nicht zuletzt auf Druck der Horváth-Forschung erfolgten,[4] nichts geändert: Die Herausgeber verfügten nicht über die editionstechnischen Möglichkeiten und die philologische Sorgfalt, um ihre Ziele in befriedigender Weise umzusetzen. Krischkes Ausgaben wollten ja stets mehr als nur einfache Leseausgaben sein. So wurde oft mit inadäquaten Mitteln versucht, neben den Letztfassungen auch das genetische Material des hochkomplexen Horváthschen Arbeitsprozesses zu präsentieren. Das gilt auch für die letzte von Traugott Krischke und Susanna Foral-Krischke betreute und auf fünf Bände angelegte Ausgabe »Gesammelte Werke«, deren erste vier Bände im 50. Todesjahr Horváths erschienen und die sich selbst als »Gedenkausgabe« verstand. Die Bände eins bis drei enthalten die Dramen in chronologischer Reihenfolge, der vierte Band Prosa, Verse sowie die autobiographischen und theoretischen Schriften. Das genetische Material folgt der jeweiligen Endfassung. Der Supplementband sollte neben Skizzen und Fragmenten auch die Kommentare zur Entstehung, Überlieferung und Textgestaltung und das Register enthalten. Auch dieser aufwendige Band ist nie erschienen.

Wenn es ein Versäumnis Traugott Krischkes gibt, besteht dieses sicher nicht darin, von Ödön von Horváth zu wenig, sondern – beinahe schon im Gegenteil – zu viel und vor allem ohne klar ausgewiesene Kriterien ediert zu haben. Unzulänglichkeiten im Detail lassen

---

4   Vgl. überblicksmäßig Kurt Bartsch: Ödön von Horváth. Stuttgart / Weimar: Metzler 2000 (= Sammlung Metzler, 326), S. 174f.

sich überall dort feststellen, wo frühe und mittlere Fassungen, aber auch Notizen, Baupläne und Konzepte transkribiert wurden. In Typoskripten mit handschriftlich nachgetragenen Korrekturschichten, wie sie bei Horváth häufig sind, wurde von Krischke meist offengelassen, welche Fassung der Edition zugrunde liegt. In den für Horváth typischen Konzeptblättern, in denen graphische Elemente und die Verteilung des Textes auf der Blattfläche eine wichtige Rolle spielen, wurde in den Editionen die topographische Anordnung nur mangelhaft ausgewiesen, bzw. wurden manche Teile in den Umschriften einfach weggelassen. Ungeklärt sind in vielen Fällen die werkgenetischen Zusammenhänge der edierten Textstufen und Fragmente geblieben. Krischkes Ausgaben haben sich ganz wesentlich an der Berliner Nachlaßordnung orientiert, was jedoch nicht erwähnt wird. Indem sie die werkgenetischen Informationen übernahmen, auf denen die Berliner Nachlaßordnung basiert, blieben sie aber auch den dortigen Unsicherheiten und Irrtümern verhaftet.

Wiener Ausgabe

Die »Wiener Ausgabe« Ödön von Horváths (mit dem Erscheinen der ersten Bände ist aus heutiger Sicht nach Ablauf der Urheberrechtsschutzfrist im Jahr 2009 zu rechnen) bietet eine kritisch-genetische Edition sämtlicher Werke und Briefe des Autors. Die Neuedition des Nachlaßbestandes, die aller Wahrscheinlichkeit nach in einer Kombination digitaler und gedruckter Umsetzungsformen in einer sogenannten Hybrid-Edition erfolgen wird, orientiert sich an den einzelnen Etappen des Horváthschen Produktionsprozesses; einzelne Textstufen werden sauber isoliert, einer präzisen Transkription unterzogen und anhand ausgewiesener Kriterien in eine genetische Reihenfolge gebracht. Daß Ödön von Horváth aufgrund seiner Schreibmethodik ein immens moderner Autor gewesen ist – ein Monteur, der an seinem Textmaterial herumgeschnitten und es immer wieder neu zusammengeklebt und vielfach überarbeitet hat – ist in der Horváth-Forschung seit langem bekannt. Angesichts der komplexen Textur der Horváthschen Werke ist es wahrscheinlich, daß die literaturwissenschaftliche Forschung im Fall dieses Autors auch weiterhin textnahe arbeiten wird. Hierfür ist eine verläßliche Textbasis nötig, die den Entstehungsprozeß der Horváthschen Werke in einer philologisch überprüfbaren Art ausweist und innerhalb des Gesamtwerkes auch dort für Sicherheit sorgt, wo man derzeit weitgehend auf Spekulationen angewiesen bzw. auf in der Forschung tradierte Fehleinschätzungen zurückgeworfen ist, wie beispielsweise in der werkgeschichtlichen Zuordnung vieler Horváthscher Entwürfe aus der Spätphase seines Schaffens.

Grundlegende Schritte in Richtung einer kritisch-genetischen Ausgabe, die eine Basis für eine Neuinterpretation des Horváthschen Werkes sowohl in der Literaturwissenschaft als auch auf der Theaterbühne schafft, wurden am Österreichischen Literaturarchiv in den vergangenen Jahren unternommen.[5] Anhand des umfangreichen genetischen Konvoluts zu den »Geschichten aus dem Wiener Wald« konnte der komplexe Arbeitsprozeß des Autors anschaulich gemacht und ein konkret umsetzbares Editionsmodell entwickelt sowie ein erster Probeband vorgelegt werden; die Bearbeitung der umfangreichen genetischen Konvolute zu »Kasimir und Karoline« und »Figaro läßt sich scheiden« steht knapp vor dem Abschluß. In zwei Supplementbänden zur »Kommentierten Werkausgabe« wurden auf der Grundlage der Original-Typoskripte Prosa- und Dramenfragmente ediert, die im Buchhandel jahrzehntelang nicht greifbar waren. Bei manchen dieser Texte handelt es sich sogar um Erstveröffentlichungen, die in den bisherigen Ausgaben vergessen oder übersehen wurden.[6]

Besonders wichtig erscheint uns in all diesen Arbeiten auch weiterhin die an Einzelbeispielen unternommene Verknüpfung der editorischen Arbeit mit Fragestellungen der Interpretation. Textgenetische Einzelstudien auf der Basis des Nachlaßbestandes, die wir im Rahmen eines Symposiums zum 100. Geburtages des Autors und im Zuge der in Wien im Jahre 2005 veranstalteten Horváth-

---

5   Vgl. dazu die Übersicht der Projekte im vorliegenden Band, S. 127–135.

6   Ödön von Horváth: Himmelwärts und andere Prosa aus dem Nachlaß. Hg. v. Klaus Kastberger. Frankfurt am Main: Suhrkamp 2001; Ödön von Horváth: Ein Fräulein wird verkauft und andere Stücke aus dem Nachlaß. Hg. v. Klaus Kastberger. Frankfurt am Main: Suhrkamp 2005.

Tage angeregt haben,[7] sind nach wie vor gefordert: Sie vermögen die
Horváth-Forschung nicht nur sinnvoll zu ergänzen und lebendig zu
erweitern, sondern in manchen Fällen auch ganz klare Fehlurteile
zu korrigieren. Dazu im folgenden einige exemplarische Fälle:

Edition und Interpretation (Beispiele)

Chronologie: »Gebrauchsanweisung«

Wie wenig die bisherigen Ausgaben den grundsätzlichen Anforderungen einer wissenschaftlichen Edition genügen, soll an Horváths
»Gebrauchsanweisung« dargestellt werden, zumal es sich hier um
einen Text handelt, der seit Mitte der 1960er Jahre sowohl für die
literaturwissenschaftliche als auch die inszenatorische Interpretation seiner Stücke von hervorragender Bedeutung ist. Da Horváth in
diesem Text seine dramaturgischen Maximen anhand seines Volks-
stücks »Kasimir und Karoline« illustriert, ging Traugott Krischke in
seinen Ausgaben davon aus, daß dieser Text nach der Uraufführung
dieses Stückes im November 1932 entstanden sei. In seiner Hor-
váth-Biographie behauptete er, daß in den Text »viele Aspekte seiner
Überlegungen aus dem Gespräch mit Willi Cronauer im Frühjahr
1932 einfließen.«[8] Tatsächlich verlief der Transfer aber genau umgekehrt. Anhand von Horváths Markierungen auf den Typoskriptblät-
tern läßt sich relativ leicht ersehen, daß Horváth Teile der längsten
Fassung der »Gebrauchsanweisung« in die Fassung der schriftlichen
Vorlage des Interviews mit Cronauer übernahm. Die »Gebrauchsanweisung« entstand demzufolge früher als das Interview, das am
5. April 1932 im Bayrischen Rundfunk gesendet wurde. In dem
solcherart verschobenen Kontext ist die »Gebrauchsanweisung« als
eine Anweisung für die bevorstehende Erstinszenierung von »Kasi-

---

7   Die Beiträge der beiden Veranstaltungen finden sich abgedruckt in: Ödön von Horváth.
Unendliche Dummheit – dumme Unendlichkeit. Hg. von Klaus Kastberger. Wien: Zsolnay
2001 (= Profile. Magazin des Österreichischen Literaturarchivs, Bd. 8) und in: Vampir und
Engel (Anm. 3).

8   Traugott Krischke: Ödön von Horváth: Kind seiner Zeit. Berlin: Ullstein 1998, S. 156.

mir und Karoline« und als eine Reaktion auf die Uraufführung der »Geschichten aus dem Wiener Wald« zu verstehen. Ein zusätzlicher Beleg dafür findet sich in einem unpublizierten Text, in dem Horváth auf Paul Fechters Rezension der »Geschichten aus dem Wiener Wald« Bezug nimmt (ÖLA 3/W234 – BS 64 f).

Die bisherige Editionspraxis der »Gebrauchsanweisung« ist folgende: Im vierten Band der Erstausgabe der »Gesammelten Werke« ist unter der Abteilung »Theoretisches, Briefe, Verse« ausschließlich die früheste und längste der insgesamt fünf Textstufen abgedruckt. Sie wird im Anmerkungsteil als Endfassung bezeichnet, obwohl der in Klammern gesetzte Zusatz »mutmaßlich« den Zweifel der Herausgeber an dieser Einschätzung verrät. Der Textabdruck folgt der spätesten Korrekturschicht, wurde jedoch stillschweigend normalisiert. So lautet der zentrale Satz, mit dem Horváth die Funktion der Regieanweisung »Stille« beschreibt: »hier kämpft das Bewußtsein oder Unterbewußtsein miteinander, und das muß sichtbar werden.«[9] Im Original steht: »hier kämpft sich das Bewustsein oder Unterbewustsein miteinander, und das muss sichtbar werden.« (ÖLA 3/W236 – BS 64 h, S. 6) Die grammatikalische Unsicherheit zeigt, daß dem Text Entwurfscharakter zukommt, dieses Merkmal geht durch den unausgewiesenen editorischen Eingriff verloren. Im Band 11 der »Kommentierten Werkausgabe« (1988) wird der Eindruck, daß es sich bei dieser Fassung um die letztgültige handelt, noch verstärkt, indem sie unter der Abteilung »Autobiographisches und Theoretisches« abgedruckt ist, während alle anderen Fassungen in der Abteilung »Entwürfe und Varianten« zu finden sind. Sowohl die Reihenfolge des Abdrucks als auch der Herausgeberkommentar legen nahe, daß es sich hierbei um Vorstufen handelt. Die Ausgabe von 1988 fällt damit hinter die Erstedition des Materials im Materialienband zu »Kasimir und Karoline« aus dem Jahre 1973 zurück. In diesem Band ist die korrekte entstehungsgeschichtliche Reihenfolge wiedergegeben und aus ihr geht hervor, daß es sich bei der längsten Fassung um einen typischen ›ersten Durchgang‹ handelt und daß der Text trotz weiterer Ansätze über den Versuch der Ausformulierung nicht

---

9   Ödön von Horváth: Gesammelte Werke in 4 Bänden. Hg. v. Walter Huder, Traugott Krischke und Dieter Hildebrandt. Frankfurt am Main: Suhrkamp 1970–71, Bd. 4, S. 564.

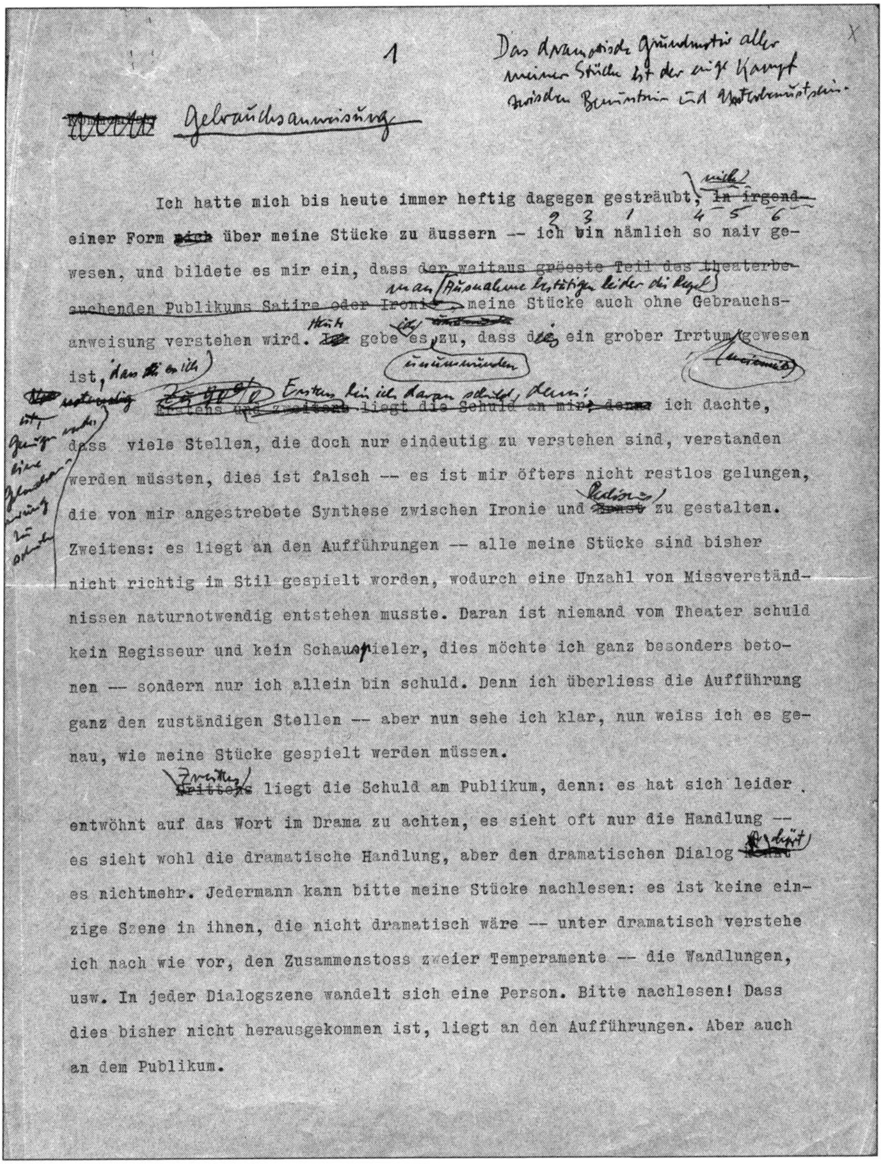

*Das dramatische Grundmotiv aller
meiner Stücke ist der ewige Kampf
zwischen Bewusstsein und Unterbewusstsein.*

Gebrauchsanweisung

Ich hatte mich bis heute immer heftig dagegen gesträubt, in irgendeiner Form mich über meine Stücke zu äussern — ich bin nämlich so naiv gewesen, und bildete es mir ein, dass der weitaus grösste Teil des theaterbe-
suchenden Publikums Satire oder Ironie — meine Stücke auch ohne Gebrauchsanweisung verstehen wird. Ich gebe es zu, dass das ein grober Irrtum gewesen
ist.

Erstens bin ich daran schuld, denn:
Zweitens und drittens liegt die Schuld an mir, denn ich dachte,
dass viele Stellen, die doch nur eindeutig zu verstehen sind, verstanden
werden müssten, dies ist falsch — es ist mir öfters nicht restlos gelungen,
die von mir angestrebete Synthese zwischen Ironie und zu gestalten.
Zweitens: es liegt an den Aufführungen — alle meine Stücke sind bisher
nicht richtig im Stil gespielt worden, wodurch eine Unzahl von Missverständ-
nissen naturnotwendig entstehen musste. Daran ist niemand vom Theater schuld
kein Regisseur und kein Schauspieler, dies möchte ich ganz besonders beto-
nen — sondern nur ich allein bin schuld. Denn ich überliess die Aufführung
ganz den zuständigen Stellen — aber nun sehe ich klar, nun weiss ich es genau, wie meine Stücke gespielt werden müssen.

Zweitens liegt die Schuld am Publikum, denn: es hat sich leider
entwöhnt auf das Wort im Drama zu achten, es sieht oft nur die Handlung —
es sieht wohl die dramatische Handlung, aber den dramatischen Dialog
es nichtmehr. Jedermann kann bitte meine Stücke nachlesen: es ist keine einzige Szene in ihnen, die nicht dramatisch wäre — unter dramatisch verstehe
ich nach wie vor, den Zusammenstoss zweier Temperamente — die Wandlungen,
usw. In jeder Dialogszene wandelt sich eine Person. Bitte nachlesen! Dass
dies bisher nicht herausgekommen ist, liegt an den Aufführungen. Aber auch
an dem Publikum.

Abb. 3: Ödön von Horváth: Gebrauchsanweisung. Entwurfsfassung
(Nachlaß Ödön von Horváth, ÖLA 3/W236, Bl. 1)

hinauskam. In der »Kommentierten Werkausgabe« hingegen wurde (offensichtlich wider besseres Wissen) der bereits in den 1960er Jahren eingeleiteten Kanonisierung der ›ergiebigsten‹ Fassung der »Gebrauchsanweisung« das Wort geredet.

Die Edition aus dem Jahre 1973 ist auch in anderen Punkten fundierter als die spätere Werkausgabe. Obwohl die genetischen Zusammenhänge mit dem Interview nicht bemerkt wurden, gibt man sich bei der Festlegung der Entstehungszeit etwas vorsichtiger. In der Vorbemerkung heißt es, daß die »Gebrauchsanweisung« »anläßlich von ›Kasimir und Karoline‹ konzipiert«[10] wurde, womit nicht unbedingt die Uraufführung, sondern auch die Fertigstellung des Dramas gemeint sein kann. Die Textdarbietung ist ebenfalls professioneller. Die jeweilige Textgrundlage wird kurz beschrieben, der Text der maschinschriftlichen Grundschicht ohne Eingriffe in die Grammatik präsentiert, die handschriftlichen Korrekturen und Einfügungen Horváths in einem lemmatisierten Variantenapparat verzeichnet. In diesen Apparat ist nun auch jene Notiz verbannt, die Horváth am rechten oberen Eck der ersten Seite neben dem Titel »Gebrauchsanweisung« eingefügt hat und die in den anderen Editionen irreführenderweise wie ein Motto unmittelbar unter dem Titel steht: »Das dramatische Grundmotiv aller meiner Stücke ist der ewige Kampf zwischen Bewußtsein und Unterbewußtsein.« Obwohl bei der Edition im Materialienband sorgfältiger gearbeitet wurde, hat sie dennoch ein großes Manko. Es fehlt die Angabe der Signatur der Textgrundlage. Dieser Nachweis ist in der »Kommentierten Werkausgabe« zumindest in den Fußnoten zum Herausgeberteil enthalten.

Die »Wiener Ausgabe« wird die Vorzüge der beiden Ausgaben kombinieren. Die Fassungen werden nacheinander in ihrer entstehungsgeschichtlichen Reihenfolge ediert, wobei solcherart der werkgenetische Status der Texte unmittelbar zum Vorschein kommt. Prinzipiell wird in den jeweiligen Fassungen die letzte Korrekturschicht ediert; Abweichungen davon werden gesondert ausgewiesen. Essentiell ist (im Unterschied zu dem Verfahren Krischkes) die unterschiedliche editorische Behandlung von handschriftlichen Korrek-

---

10   Materialien zu Ödön von Horváths »Kasimir und Karoline«. Hg. von Traugott Krischke.
      Frankfurt am Main: Suhrkamp 1973, S. 100.

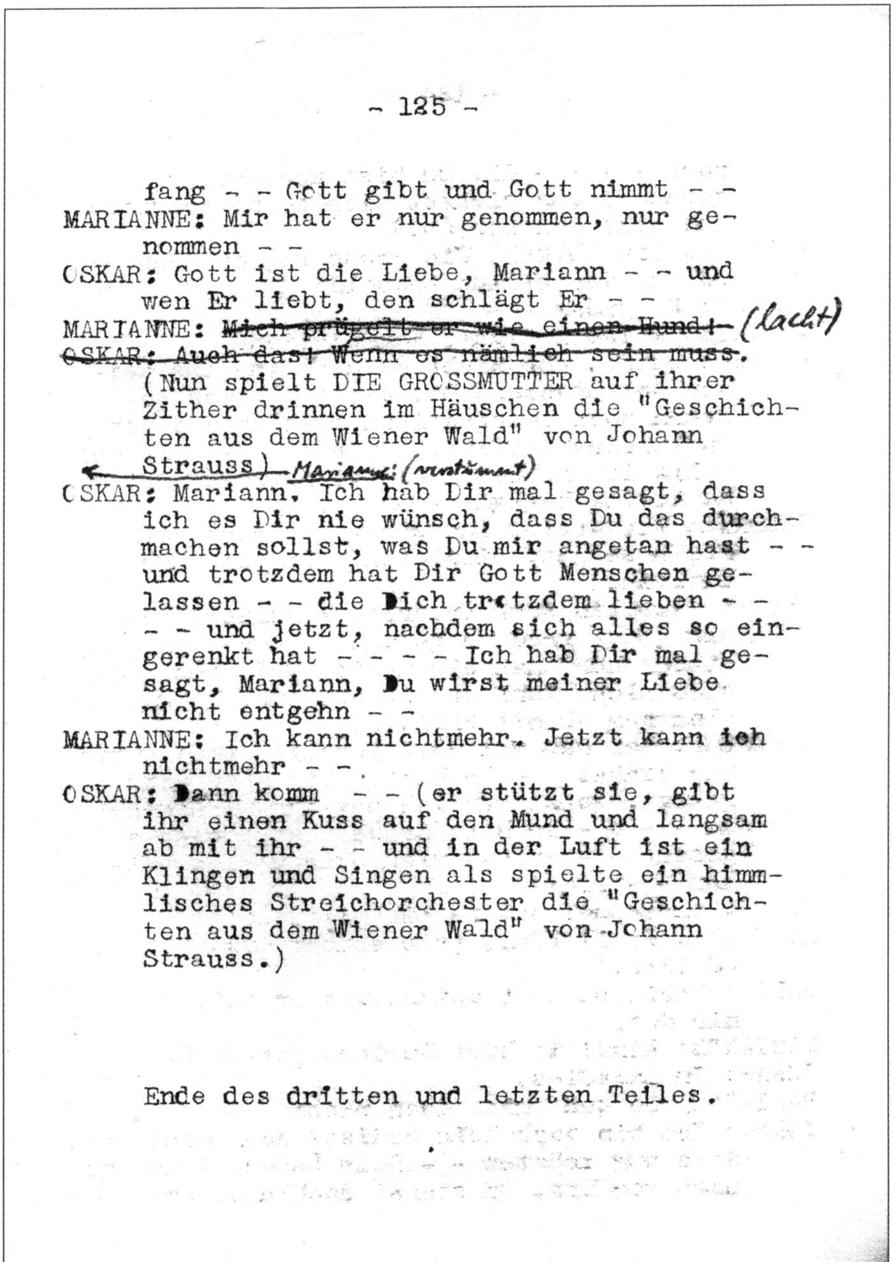

fang - - Gott gibt und Gott nimmt - -
MARIANNE: Mir hat er nur genommen, nur ge-
     nommen - -
OSKAR: Gott ist die Liebe, Mariann - - und
     wen Er liebt, den schlägt Er - -
MARIANNE: ~~Mich prügelt er wie einen Hund!~~ *(lacht)*
~~OSKAR: Auch das! Wenn es nämlich sein muss.~~
     (Nun spielt DIE GROSSMUTTER auf ihrer
     Zither drinnen im Häuschen die "Geschich-
     ten aus dem Wiener Wald" von Johann
     ~~Strauss~~) *Mariann: (mitstimmt)*
OSKAR: Mariann. Ich hab Dir mal gesagt, dass
     ich es Dir nie wünsch, dass Du das durch-
     machen sollst, was Du mir angetan hast - -
     und trotzdem hat Dir Gott Menschen ge-
     lassen - - die Dich trotzdem lieben - -
     - - und jetzt, nachdem sich alles so ein-
     gerenkt hat - - - - Ich hab Dir mal ge-
     sagt, Mariann, Du wirst meiner Liebe
     nicht entgehn - -
MARIANNE: Ich kann nichtmehr. Jetzt kann ich
     nichtmehr - -.
OSKAR: Dann komm - - (er stützt sie, gibt
     ihr einen Kuss auf den Mund und langsam
     ab mit ihr - - und in der Luft ist ein
     Klingen und Singen als spielte ein himm-
     lisches Streichorchester die "Geschich-
     ten aus dem Wiener Wald" von Johann
     Strauss.)

Ende des dritten und letzten Teiles.

Abb. 4: Ödön von Horváth: Geschichten aus dem Wiener Wald. Stammbuch im Arcadia-Verlag 1931. Mit
handschriftlichen Korrekturen des Autors in der Endszene (Splitternachlaß Ödön von Horváth, ÖLA
27/W9, S. 125)

turen der bzw. Ergänzungen zur maschinschriftlichen Grundschicht und von Randnotizen, die für eine weitere Ausarbeitung gedacht sind, die also nicht unmittelbar zur jeweiligen Fassung gehören. In werkgenetischen Kommentaren werden sowohl die Veränderungen des Textes innerhalb seiner Genese wie auch das Verhältnis des Textes zu anderen Texten und Werkprojekten beschrieben. Für den Leser muß leichthin ersichtlich gemacht werden, daß Horváths »Gebrauchsanweisung« nicht nur in das Interview, sondern auch in der wenig später entstandenen »Randbemerkung zu Glaube Liebe Hoffnung« nachwirkt. Eine Information, die als Voraussetzung für das Verständnis dieses wichtigen theoretischen Textes von ebenso großer Relevanz ist wie die anderen angesprochenen werkgenetischen Richtigstellungen.

Autorisation: »Das Fräulein wird bekehrt«

Für das Problem der Autorisation sei folgendes Beispiel genannt: Als Textgrundlage für Horváths Kurzprosatext »Das Fräulein wird bekehrt« wurde bislang immer das im Nachlaß enthaltene Typoskript ÖLA 3/W195 – BS 4 a, S. 1–7 herangezogen. Dem Leser wird zwar stets mitgeteilt, daß dieser Text in der von Hermann Kesten 1929 herausgegebenen Anthologie »24 neue deutsche Erzähler« erschien, jedoch wird ihm verheimlicht, daß Horváths Text in der Anthologie nicht unerheblich von der Fassung des Typoskripts abweicht. Diese Abweichungen müssen verzeichnet und kommentiert werden.

Bei Horváths Bühnenwerken gestaltet sich die Frage nach der Autorisation besonders schwierig, da Horváth die Texte meist für konkrete Inszenierungen adaptierte. Von dem Volksstück »Kasimir und Karoline«, dem zu Lebzeiten keine Buchausgabe vergönnt war, sind zwei Fassungen bekannt, die beide in Band 5 der »Kommentierten Werkausgabe« abgedruckt sind. Der Leser kann der editorischen Notiz Krischkes entnehmen, daß die frühere Fassung in sieben Bildern einem Nachlaß-Typoskript folgt, während die spätere in 117 Szenen sich an das Stammbuch des Arcadia-Verlages hält. Was er nicht erfährt, ist, daß Horváth die Fassung in 117 Szenen für die Uraufführung überarbeitete. Die neue Fassung, die Horváth dem Regisseur Francesco von Mendelssohn übermittelte, wie einem Briefentwurf in Notizbuch 7 (ÖLA 3/W362 – o. BS, Bl. 11) zu entnehmen ist, hat sich, soweit bekannt, weder im Original noch in einer Abschrift erhalten. Im Nachlaß existieren aber Blätter aus dieser Phase der Überarbeitung (vgl. IN 221.001/26 – BS 46 f [3], Bl. 10), die mangels Kenntnis ihres Vorhandenseins in der Horváth-Forschung bislang ebenso unberücksichtigt geblieben sind wie die höchst aussagekräftigen handschriftlichen Anmerkungen, die Horváth im Falle der »Geschichten aus dem Wiener Wald« in das Stammbuch der Uraufführung setzte und die auch dort eine andere als die bislang angenommene Endfassung konstituieren.[11]

Neufunde in Zeitungen: »Aus der Stille in die Stadt«

Ein weiteres Problem der bisherigen Horváth-Editionen ist ihre Unvollständigkeit. Dies betrifft insbesondere Texte, die sich außerhalb des Nachlaßbestandes finden. So wurden beispielsweise im »Berliner Tageblatt« der Jahrgänge 1929 bis 1931 mehrere Texte Horváths gefunden, darunter auch einige, deren Existenz bislang unbekannt war. Diese Texte zeugen einerseits von einem sehr marktbewußten Autor, der es versteht, seine Hauptwerke durch kleinere Texte zu bewerben, andererseits enthalten sie auch wichtige Informationen bezüglich Horváths Poetologie und Weltbild.

Am 27. Januar 1929, und damit etwas mehr als drei Wochen nach der erfolgreichen Berliner Uraufführung des Stückes »Die Bergbahn«, stellt Horváth im »Berliner Tageblatt« sein Stück »Sladek« vor, das schließlich erst im Oktober 1929 zur Aufführung kommen sollte. Im letzten Absatz des Artikels definiert er die strukturellen Oppositionen, die seine Bearbeitung des historischen Materials kon-

---

11 Interpretativ nutzbar gemacht wurden die letzten Veränderungen, die Horváth an den »Geschichten aus dem Wiener Wald« vornahm, in: Klaus Kastberger: Zwei Mundvoll Schweigen. Abstürze der Rede in Literatur und Philosophie. In: Die Dichter und das Denken. Wechselspiele zwischen Literatur und Philosophie. Hg. von Klaus Kastberger und Konrad Paul Liessmann. Wien: Zsolnay 2004 (= Profile. Magazin des Österreichischen Literaturarchivs, Bd. 11), S. 174–198. Eine Nachbearbeitung der bislang angenommenen Endfassung durch den Autor liegt auch im Fall des Stückes »Hin und Her« vor, vgl. dazu: Andrea Wenighofer: Grenzzwischenfall mit Nachspiel. Ödön von Horváths »Hin und Her« und die Nachlaßmaterialien am Österreichischen Literaturarchiv. Wien: phil. Dipl.-Arb. 2006.

stituierten: »Ich versuchte auf dem Hintergrunde dieses Zeitbildes Stationen des ewigen Kampfes zwischen Individualismus und Kollektivismus, Egoismus und Altruismus, Internationalismus und Nationalismus, diesem Totengräber der Völker, zu gestalten.«[12]

Die hier verwendeten Begriffe tauchen auch später immer wieder auf. Die Opposition von Individualismus und Kollektivismus ist Thema des Textes »Aus der Stille in die Stadt«, der am 25. Mai 1930 im 5. Beiblatt des »Berliner Tageblatts« abgedruckt wurde und von dem bislang nur das genetische Material (ÖLA 3/W228 – BS 64 k [1] bis ÖLA 3/W232 – BS 64 k [5]), nicht aber die Druckfassung bekannt war. Die Stadt wird hier als jener Raum definiert, in welchem sich ein neues gesellschaftliches Bewußtsein bildet. Aus einer (ebenfalls unpublizierten) Vorstufe des Textes (ÖLA 3/W230 – BS 64 k [3], Bl. 10–12) geht deutlicher als aus der publizierten Fassung hervor, daß Horváth damit den Kollektivismus meint, den er gegenüber dem ländlich-romantischen Individualismus favorisiert. Den Vorschlag des fiktiven Dialogpartners, diese beiden gesellschaftlichen Bereiche zu »etwas literarisch ganz Auffallendem«[13] zu verbinden, hat Horváth auch in der Arbeit an seinem Volksstück »Italienische Nacht« berücksichtigt, womit sich ein weiteres thematisches Bezugsfeld eröffnet.

Neufunde im Nachlaß: »Marianne oder: Das Verwesen«

Auch innerhalb des Nachlaßbestandes finden sich (insbesondere in Horváths Notizbüchern) Texte, die in den Ausgaben von Krischke keine Beachtung gefunden und die deshalb bis heute einen völlig unklaren genetischen Stellenwert haben. So ist beispielsweise in einer 1999 erschienenen Forschungsarbeit[14] mit großer Selbstverständlichkeit von einem kurzen Horváthschen Textfragment mit dem interessanten Titel »Marianne oder: Das Verwesen« die Rede.

---

12 Ödön von Horváth: Sladek oder die Schwarze Reichswehr. In: Berliner Tageblatt, Nr. 46, 27. Januar 1929.
13 Ödön von Horváth: Aus der Stille in die Stadt. In: Berliner Tageblatt, 25. Mai 1930.
14 Vgl. Stefan Heil: Die Rede von Gott im Werk Ödön von Horváths. Eine erfahrungstheologische und pragmatische Autobiographie- und Literaturinterpretation – mit einer religionsdidaktischen Reflexion. Ostfildern: Schwabenverlag 1999.

Unerwähnt bleibt, daß ein solcher Text in der Horváth-Forschung bislang unbekannt war, Krischke hat ihn entweder übersehen oder nicht für druckenswert befunden – eine Entscheidung, für die man sich von einer textkritischen Ausgabe in jedem Fall Argumente erwarten dürfte.

»Marianne oder: Das Verwesen« ist unter diesem Titel handschriftlich in einem Notizbuch Horváths (ÖLA 3/W364 – o. BS, Notizbuch 3) eingetragen. Neben Strukturplänen und Werkübersichten zu »Der ewige Spießer«, »Ein Wochenendspiel« und zu dem Hörspiel »Stunden der Liebe« enthält das ursprünglich 40 Seiten umfassende Buch (von dem die letzten 10 Seiten herausgerissen und nur die ersten 25 Seiten beschrieben sind) auf Bl. 1–7 einen Leserbrief Horváths bezüglich eines Artikels, der am 13. März 1930 im »Murnauer Tagblatt« erschienen war. Außerdem findet sich in dem Notizbuch auf Bl. 21f. ein handschriftlicher Briefentwurf an Heinrich Mann, mit dem Horváth auf dessen am 4. April 1930 in der »Literarischen Welt« erschienene Rezension der von Hermann Kesten im Berliner Kiepenheuer-Verlag herausgegebenen Anthologie »24 neue deutsche Erzähler« reagierte. Mann hatte den jungen Autoren die Hoffnungslosigkeit der von ihnen dargestellten Welt und einem der Texte vorgeworfen, es falle darin »kein Wort von Seele«. Horváth, dessen Erzählung »Das Fräulein wird bekehrt« sich in der Anthologie fand, sah sich daraufhin zur gegenständlichen Reaktion veranlaßt.

»Marianne oder: Das Verwesen« ist in dem Notizbuch auf Bl. 16f. eingetragen und läßt sich damit sehr exakt auf den Zeitraum März/April 1930 datieren (vgl. Abb. 5 und 6)). Im Untertitel hat Horváth das kleine Prosastück »Eine Novelle« genannt, der Text lautet folgendermaßen:

Nach dem Tode löst sich der Körper auf: Er verwest. Die Verwesung gebärt neues Leben – die Seele schwebt in den Schoß eines mächtigen guten Vaters, behauptet der Aberglaube.
Es gibt aber nun einen Tod, der eintritt und der Körper lebt noch einige Jahre weiter, man verwest bei lebendigem Leibe.
Von einem solchen Fall will ich hier berichten. Seine klinische Diagnose lautet auf beginnende dementia praecox.
Mit Recht werden viele fragen, was geht dieser Einzelfall mich an? Aber er ist ein typisches Beispiel für den Kampf der Triebe gegen die Kultur.–
Ich habe Marianne vier Jahre lang nicht gesehen. Vor vier Jahren hatte ich mit ihr etwas. Sie war nervös und einmal hatte ich sie verprügelt.

Marianne

oder:

Das Verwesen

Eine Novelle.

~~Es gibt ein~~

Nach dem Tode löst sich der Körper auf:
~~tod er~~ er verwest. Die Verwesung gehört
meins Leben — die Seele schwebt ihn den
Schoss eines mächtigen guten Vaters, behaupt
der Aberglaube.

Es gibt also nur einen Tod, der ein-
tritt und der Körper lebt noch einige
Jahre weiter, man verwest bei lebendigen
Leibe.

Von einem solchen Fall will ich hier
berichten. Seine klinische Diagnose lautete
auf beginnende dementia praecox.

Mit Recht werden viele fragen, was geht
diese Einzelfall mich an? Aber er ist

Ein typisches Beispiel für den Kampf der
Triebe gegen die Kultur. ——

Ich hab Marianne vier Jahre lang
nicht gesehen. Vor vier Jahren hatte ich mit
ihr etwas. Sie war nervös und einmal
hatte ich sie verprügelt.

Nun sah ich sie wieder. Sie wusch sich
nicht mehr, roch übel aus dem Munde, stank
nach Schweiss, vernachlässigte sich.

~~Heute kommt bald der Augenblick,~~
~~Aug 16~~

Sie starb vor drei Jahren. An ihren
Tod kann sie sich nicht genau erinnern.

Nun sah ich sie wieder. Sie wusch sich nicht mehr, roch übel aus dem
Mund, stank nach Schweiss, verwahrloste sich.
Sie starb vor drei Jahren. An ihren Tod kann sie sich nicht genau erin-
nern.[15]

Der Text bildet eine interessante Station in der Genealogie des
Horváthschen Fräuleins, denn er stellt ein Bindeglied dar zwischen
den »Geschichten aus dem Wiener Wald« und jenen Texten, in denen der Figurentypus erstmalig vorkam (das Stück »Rund um den
Kongreß« mitsamt »Ein Fräulein wird verkauft« sowie die »Spießer«-
Prosa, und dort vor allem der Komplex um das Fräulein Pollinger).
Einiges deutet in ihm bereits auf das künftige Volksstück hin: Da ist
der Name Marianne, der an dieser Stelle erstmalig auftaucht, und da
ist der in Horváths Werk wahrscheinlich früheste Hinweis auf jenen
»Kampf der Triebe gegen die Kultur«, der das »neue Volksstück« definieren wird. Mit dem Prozeß des Verwesens entwirft der Text zudem
eine Metapher für das, was mit der weiblichen Hauptfigur nicht nur
in den »Geschichten aus dem Wiener Wald«, sondern auch in »Kasimir und Karoline«, »Glaube Liebe Hoffnung« und »Die Unbekannte aus der Seine« in ihrem Inneren passiert, während sie auf der
Bühne rein äußerlich von rigiden Normen und leeren Sprachhülsen
traktiert wird. Den Blick in die Seele der Frau läßt Horváth in den
Endfassungen seiner Volksstücke nicht mehr zu. »Marianne oder:
Das Verwesen« füllt somit etwas von dem auf, was später mit dra-
maturgischem Bedacht verborgen bleibt. Gerade deshalb ist es von
besonderer interpretatorischer Relevanz.

---

15   Der Text liegt jetzt gedruckt vor in: Ödön von Horváth: Himmelwärts und andere Prosa
      aus dem Nachlaß (Anm. 6), S. 16.

Author's last choice
Die Geschichte des Ernst-Jandl-Nachlasses und seine Bedeutung als biographische Quelle

BERNHARD FETZ

unusually well-known writer
mid-sixties, fed-up, periodically downcast
with incorrigible leg-trouble
offers most renowned official trophies and documents
[...]
plus books, magazines, reviews, manuscripts, typescripts
[...]
in exchange for the lease of a villa
[...][1]

Die Übernahme literarischer Nachlässe durch Archive stellt einen *Übergriff* dar. Sie sistiert einen produktiven Prozeß, stellt ihn ruhig in den Kategorien und Mechanismen archivarischer Ordnung. Die naturgemäße (Un-)Ordnung eines Lebensvollzugs und die kreative (Un-)Ordnung eines Schreiblebens verwandeln sich in ein Archiv von Materialien und Texten. Leidenschaften wie Ernst Jandls lebenslange Lektüre von Krimis oder das nächtelange Hören von Jazzmusik gerinnen zur *Dokumentation* dieser Leidenschaften in Form von ›Sammlungen‹. Das Archiv, schreibt Jacques Derrida, »wird niemals das Gedächtnis noch die Anamnese in ihrer spontanen, lebendigen und inneren Erfahrung sein«.[2]

Aber nur aus dem Archiv heraus entsteht wieder neues Leben, wenn auch aus zweiter Hand, zum Beispiel in Form biographischer

---

1 Ernst Jandl: author's last choice. In: Ders.: Poetische Werke. Bd. 10. Hg. von Klaus Siblewski. München: Luchterhand 1997, S. 15.
2 Jacques Derrida: Dem Archiv verschrieben. Berlin: Brinkmann + Bose 1997, S 25.

Konstruktionen: Was vorher zum Alltag gehörte – Reiseabrechnungen, Kalendernotizen, Werknotizen auf unterschiedlichen Trägern, Gegenstände des alltäglichen Gebrauchs, soferne sie ihren Weg ins Archiv gefunden haben – all dies wird nun erneut, zum zweiten oder wiederholten Male zum Ausdruck von *Leben*, indem durch biographische Beschreibungen ein neuer narrativer Zusammenhang hergestellt wird: Das Archiv friert einen Prozeß ein; und es wird zum Medium eines neuen Prozesses.

Aber auch dies ist noch nicht das Ende der Archivgeschichte. Vielleicht müssen Biographien für jede Generation neu geschrieben werden, um den veränderten Erwartungen gegenüber der porträtierten Person und der sich verändernden Sicht auf die Geschichte Rechnung zu tragen. Wie ja auch stets neue Interpretationen kanonischer Werke entstehen, die die bestehenden Interpretationen umschreiben, widerlegen, modifizieren wollen. Neu schreiben heißt im biographischen Kontext, die bekannten Dokumente neu zu lesen und neu zu bewerten und im besten Falle neue Dokumente den bekannten hinzuzufügen. Die zahlreichen Biographien zu Virginia Woolf sind hier ein gutes Beispiel. Das nicht abreißende Bedürfnis nach immer neuen biographischen Annäherungen an ikonisierte Figuren hängt auch mit dem sich stetig wandelnden Verhältnis von Privatheit und Öffentlichkeit zusammen. Biographien sind Gradmesser für die Verschiebung von Schamgrenzen und Analyseinstrumente zur Erforschung von Stereotypen und Tabus. Im folgenden soll die Übernahmegeschichte des Nachlasses von Ernst Jandl erzählt werden, um anschließend einige Teile aus der 170 Umzugskartons umfassenden Materialfülle hervorzuheben, die vor allem in Hinblick auf das Verhältnis von Werk und Leben signifikant sind.

Die Übernahme

Das Folgende ist ein Ausnahmefall in der archivarischen Praxis. Kommt es doch nur selten vor, daß Archivar und Autor über einen längeren Zeitraum hinweg gemeinsam jenes Material sichten, das einmal den Bestandteil des Nachlasses bilden soll. Transferiert doch hier der Archivar unter den Augen des Autors die ›Befundordnung‹,

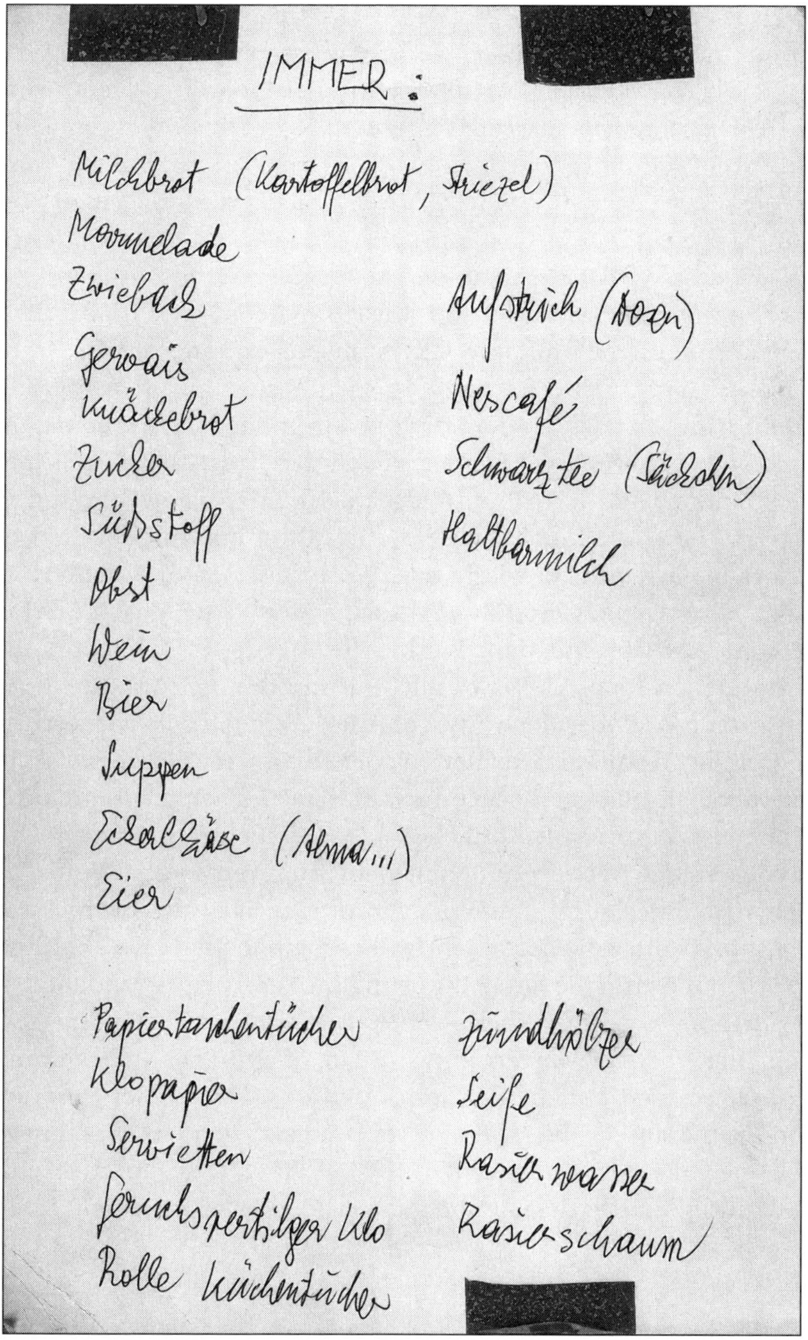

IMMER :

Milchbrot (Kartoffelbrot, Striezel)
Marmelade
Zwieback
Gervais
Knäckebrot
Zucker
Süßstoff
Obst
Wein
Bier
Suppen
Tischkäse (Alma...)
Eier

Aufstrich (Dosen)
Nescafé
Schwarz tee (Säckchen)
Haltbarmilch

Papiertaschentücher
Klopapier
Servietten
Feuchsvertilger Kilo
Rolle küchentücher

Zündhölzer
Seife
Rasierwasser
Rasierschaum

Abb. 7: Ernst Jandl: Einkaufsliste (Nachlaß Ernst Jandl, ÖLA 139/99)

also was er vor Ort vorfindet, in eine vorläufige Übernahmeordnung, bereits mit Blick auf die spätere archivarische Detailordnung. Das heißt, ich war bemüht, bereits noch in der Wohnung das ›Unwichtige‹ vom ›Wichtigen‹ zu trennen, Altpapier auszusondern, immer in der Furcht, ein beschriebenes Blatt vielleicht zu übersehen; Werke zu Werken zu packen, Briefe zu Briefen, Steuerunterlagen zu Steuerunterlagen etc.

Daß sich die Übernahme der Materialien Ernst Jandls durch das Österreichische Literaturarchiv (ÖLA) über Jahre hinzog,[3] hatte steuerrechtliche und psychodynamische Gründe. Da die Grenze zwischen nicht steuerrelevantem Privatbesitz und dem Betriebskapital eines Autors, zu dem unveröffentlichte Texte, Arbeitsmaterialien etc. gehören, nicht leicht zu definieren ist – vor allem gegenüber Finanzbehörden, deren Verständnis literarischer Produktion begrenzt ist –, stellte sich ein Vertragsabschluß zu Lebzeiten des Autors als äußerst schwierig dar. Wörterbücher, die Dichtern als Quelle ihrer Gedichtproduktion dienen, sind keine Maschinen und Gedichtentwürfe sind keine Werkstoffe, aus denen bei Bedarf nach vorhandenen Mustern verkäufliche Endprodukte hergestellt werden können. Wobei der Unterschied vielleicht doch wieder nicht so groß ist: Wenn ein Tischler einige Kubikmeter Holz erwirbt, um sie nach jahrelanger Lagerung weiterzuverarbeiten, dann tut er zumindest strukturell Ähnliches wie der Dichter, der nach Jahren der Ablage Notizen zu neuen Gedichten verarbeitet. Wobei das Ausgangsmaterial im Laufe der Jahre eine Wertsteigerung erfahren haben kann, die sogar sehr wahrscheinlich ist: Das abgelagerte Holz hat durch die lange Lagerung an Verarbeitungsqualität gewonnen, es wurde zu einem vielleicht raren und begehrten Werkstoff; der Dichter wiederum kann an öffentlicher Anerkennung hinzugewonnen haben, wodurch auch der Wert seiner Produkte, und eben auch der Wert seiner Notizen gestiegen ist. Dies spiegelt sich in den Bepreisungen literarischer Nachlässe durch Archive wider, wobei die Preisspannen ganz erheblich sein können. Immer

---

3   Schon vor der Gründung des ÖLA und intensiviert ab 1996 führte dessen Leiter, Wendelin Schmidt-Dengler, zahlreiche Gespräche mit dem Autor sowie mit diversen Finanzbehörden. Nur diese Hartnäckigkeit führte schließlich zu einem Vertragsabschluß.

fließen persönliche Wertschätzungen in die Ansetzung von Preisen mit ein, auch Fragen des Wertes eines sogenannten nationalen kulturellen Erbes spielen eine Rolle. Im Falle des Verkaufs den Wert zu bestimmen, ist im Falle des Holzstückes deshalb wahrscheinlich einfacher als im Falle der Notizen. Jedenfalls begann nach der schließlich erfolgten Einigung und dem Abschluß eines Vertrages mit Ernst Jandl, der die Übernahme des Gesamtbestandes bis über den Tod hinaus regelte, eine fast zweijährige Phase, in der ich gemeinsam mit dem Autor (in der Anfangsphase gemeinsam mit Kristina Pfoser) die Materialien sichtete und in Kartons verpackte. Kurz vor einem erneut vereinbarten Termin starb Ernst Jandl, der Vorlaß wurde zum Nachlaß.

Die Übernahmephasen folgten einem Ritual und es war nicht leicht für den Archivar, der noch nichts davon wußte, daß er sich Jahre später mit der Praxis und Theorie einer Biographie zu Ernst Jandl auseinandersetzen würde, die Vorstellung abzuwehren, in das Jandlstück »Aus der Fremde« geraten zu sein. Denn diese Übernahme war ganz stark von retardierenden, kreisenden, stockenden Momenten gekennzeichnet, wie sie auch die ästhetische Anlage des mit autobiographischem Lebensmaterial arbeitenden Stückes auszeichnen. Es war quasi eine Übernahme im Konjunktiv, denn mir erschien es manchmal als zu aggressiver Akt, der Ratlosigkeit Ernst Jandls, wie wir weitermachen sollten mit unserer Sichtungsarbeit, mit dem profanen Hinweis auf halb geleerte Regale und halb gefüllte Kartons zu begegnen; so verging mancher Spätvormittag unter Konsumierung alkoholischer Mischungen, die Ernst Jandls Putzfrau besorgt hatte, wohl als Zusatzwunsch zu jener im Vorraum hängenden Einkaufsliste formuliert, die jene Lebensmittel und Gegenstände des alltäglichen Gebrauchs anführte, die »immer« da zu sein hatten (vgl. Abb. 7). Bis es an der Zeit war, einen Tisch für das Mittagessen in einem dann nicht selten fast völlig leeren Lokal zu bestellen. Nach dem Mittagessen ging es dann meist zügiger voran.

Ernst Jandl wollte seinen Vorlaß in Etappen weggeben, aber er konnte ihn nicht einfach loslassen. Die Lichtung der Bestände hat er wohl als befreiend empfunden, was von dem Gefühl überlagert wurde, mit jedem Stück einen Teil der eigenen Lebenssubstanz verschwinden zu sehen. Wir haben lange Gespräche darüber geführt,

aus welchen Perioden bestimmte Blätter stammen und es war für
Ernst Jandl nicht zu entscheiden, was schwerer wiegt: der Impuls,
an vor Jahrzehnten Aufgegebenem vielleicht doch noch irgendwann
weiterzuarbeiten, oder der Wunsch, was ohnehin längst aus dem
Blickfeld war, in einem Archiv zu wissen. Jandls Schreiben in den
letzten Lebensjahren vollzog sich zusehends als ein auch therapeu-
tischer Akt. Die Verteilung der Handschrift auf den Blättern folgt
nicht mehr jener bewußten Dramaturgie wie in Jandls ganz stark von
einem Willen zum Werk geprägten Schaffensphasen in den 1960er
und 1970er Jahren. Hier finden sich immer mehr Blätter, die kaum
mehr den Willen erkennen lassen, ein Gedicht zu machen – wiewohl sie poetische Gebilde sind. Angesichts dieser oft spontanen,
auch von stark wechselnden psychischen Zuständen angetriebenen
Produktion schien es unwahrscheinlich, daß Ernst Jandl nochmals
auf vor Jahren abgelegte oder zurückgelegte Projekte zurückgreifen
würde. Trotzdem vollzog sich die Trennung als ein immer wieder hi-
nausgezögerter Prozeß.

Auch im Falle der Korrespondenzen stellte sich die Abgrenzung
von noch Benötigtem oder zumindest in Verdacht Stehendem, es
könnte nochmals benötigt werden, als schwierig dar. Bereits in den
1980er Jahren löste sich die Ablage der Jandlschen Korrespondenz
zusehends auf, was sich zum täglichen Kampf mit einem unüber-
windbaren Gegner auswuchs. Im Dialog mit seiner jahrzehntelangen und gerade anwesenden Lebensgefährtin Friederike Mayröcker
meinte Ernst Jandl einmal während der Sichtungsarbeiten, die
Post sei die »Hölle«. Was von Friederike Mayröcker als zu starker
Ausdruck empfunden wurde. Dann eben, so Ernst Jandl, sei die
Post die »Vorhölle«. Auch im persönlichen Umgang war der Dichter
von einer Präzision im Ausdruck, die alle seine Statements – etwa
zu eigenen Werken, öffentlichen Angelegenheiten, Angelegenheiten
des Alltags – auszeichnet. Der tägliche Gang zum Postfach war ein
Ritual, das in Verbindung mit dem Mittagessen den Tagesablauf
Jandls vor allem in den letzten Lebensjahren strukturierte. Und tat-
sächlich: Die Fülle an Zusendungen, an Anfragen, an Bitten um
Stellungnahmen zur eigenen Produktion von nicht oder weniger bekannten Schreibenden, die Einladungen und Aufforderungen zur
Meinungsäußerung waren beängstigend. Ernst Jandl war nur mehr

teilweise Herr seiner Korrespondenz. Manche Briefe wurden als im Moment weniger wichtig zur Seite gelegt, um dann vielleicht überhaupt nicht mehr geöffnet zu werden; andere Stücke wurden geöffnet und ebenfalls zur Seite gelegt, um vielleicht später beantwortet zu werden; wieder andere verschwanden, wiewohl geöffnet, sofort in einer Ablage, zuerst noch in thematisch von Ernst Jandl angelegten Ablagen – die eindrucksvollste ist jene mit der Aufschrift »TOD«, sie enthält Parten und Beileidskorrespondenz –, während nicht wenige Zusendungen gleich in Papierstößen verschwanden, die kleine und größere Inseln auf den Tischen in der Wohnung bildeten: Vom Schreibtisch gelangten all diese Stücke auf Tapeziertische oder in Hängeablagen. Wie oft war die Rede davon, die Korrespondenz vor der Weggabe noch zu sichten und vielleicht zu beantworten, es ist nicht einmal ansatzweise dazu gekommen. Leichter ging die Übernahme von Dokumenten vonstatten, die bestimmte Lebensphasen dokumentieren: Reisebelege, Dokumentationen von Lesungen, Dokumente zu Mitgliedschaften und zu Funktionen in Institutionen des Literaturbetriebs.

Irgendwann war es dann soweit, daß die Transportkartons im Vorraum ein ungehindertes Durchqueren desselben verunmöglichten; erst dann wurde vom Archiv eine Spedition organisiert, die die Materialien abholte. Was zurückblieb waren Übernahmelisten, vom Archiv und von Ernst Jandl quittiert, die wiederum in einer der verbliebenen Ablagen verschwanden. Sie müssen sich noch irgendwo in den 170 Kartons, die inzwischen stark reduziert wurden, finden lassen.

Ernst Jandls Schreibleben vollzog sich in einem Paralleluniversum aus Chaos und Ordnung. Auf der einen Seite war der Lehrer, der penibel über seine Tätigkeit Buch führte und exakte Stundenspiegel erstellte: So begann etwa der Englischunterricht in der ersten Gymnasialklasse (diese entspricht der 5. Klasse in Deutschland) in der ersten Stunde mit der Vermittlung folgender Fragen und Antworten, die Ernst Jandl in sein Lehrer-Vorbereitungsheft eingetragen hatte: »Good morning, boys [handschriftlich ergänzt durch »children«; BF]. Good morning, Mr. Jandl. My name is Mr. Jandl. What is your name? What is my name? You are a boy. What are you? I am a ~~teacher~~ man. What am I? Am I a boy? Are you a ~~teacher~~ man?

Are you a good boy? Where do you live? I live in Vienna.«[4] Ernst Jandl war mit kürzeren Unterbrechungen von Beginn der 1950er Jahre bis 1979 Gymnasiallehrer für Deutsch und Englisch in Wien. Mit geradezu bürokratischer Präzision hat er als Klassenvorstand die Organisation des Schulalltags in seinen Heften festgehalten: die Verteilung der Klassenämter ebenso wie die Verteilung der damals obligatorischen Schulmilch. Auf der anderen Seite stand der manisch-depressive Dichter, dessen Lehrerdasein mit zunehmendem Erfolg als Dichter »in Auflösung geriet«.[5] Dieses Paralleluniversum spiegelte sich in der Ordnung der Materialien in der Wohnung und es hatte seine Entsprechung im persönlichen Habitus: in der Verbindlichkeit des ›sozialistischen‹ Literaturfunktionärs (des Generalsekretärs der Grazer Autorenversammlung) nach allen Seiten hin und der Aggressivität und Verletzlichkeit des Dichters, die in seinen Gedichten und in seinen Auftritten zu finden sind. Während die in späteren Phasen entstandenen Gedichte Jandls, die man auch als »Altersgedichte« bezeichnen kann,[6] sehr oft körperlichen Verfall, die Auflösung eines integralen Körperganzen thematisieren, folgt die äußere Anordnung der Gedichte einer exakt festgelegten Dramaturgie. Diese ist im Nachlaß dokumentiert durch frühe Manuskriptfassungen, korrigierte Typoskripte, Reinschriften, Anweisungen an den Lektor etc. Die Anordnung der Gedichte in den einzelnen Bänden war für Ernst Jandl von zentraler Bedeutung.

Der Nachlaß als biographische Quelle

Das Bild, das Ernst Jandl in der Öffentlichkeit verkörperte, war das des Dichters als Popstar. Zu Auftritten gemeinsam mit Musikern kamen manchmal 1000 Leute und mehr. Bereits Jandls erster grö-

---

4   Vgl. die faksimilierten Schuldokumente Ernst Jandls aus dem Nachlaß in: Ernst Jandl. Musik Rhythmus Radikale Dichtung. Hg. von Bernhard Fetz. Wien: Zsolnay 2005 (= Profile. Magazin des Österreichischen Literaturarchivs 12), S. 107–115.

5   Ernst Jandl: Biographische Notiz. In: Ders.: Gesammelte Werke. Bd. 3: Stücke und Prosa. Hg. von Klaus Siblewski. Darmstadt: Luchterhand 1983, S. 650.

6   Vgl. Daniela Strigl: Mit dem Hammer dichten. Zur Alterslyrik Ernst Jandls. In: Ernst Jandl (Anm. 4), S. 53–71.

ßerer Auftritt, er fand am 11. Juni 1965 anläßlich einer legendär-
en Beat Poetry Session in der Londoner Royal Albert Hall vor 7000
begeisterten Zuhörerinnen und Zuhörern statt, macht deutlich, wie
schwierig es ist, im Falle Ernst Jandls Leben und Werk, Leben als
private Angelegenheit und Leben als Performance voneinander zu
trennen. Die Auftritte Jandls, sein Leben als Performer eigener und
fremder Texte gehören zu seiner Biographie. Ernst Jandls Stimme,
wie sie in zahlreichen Film- und Tondokumenten überliefert und
festgehalten ist, ist eine wichtige biographische Quelle. Sie vermittelt
in einem nicht metaphorischen Sinne den Rhythmus dieses Lebens.
Deshalb dokumentiert die umfangreiche Sammlung von Jazzplatten,
die Bestandteil des Nachlasses ist, nicht nur eine der drei großen
Leidenschaften Ernst Jandls – neben der Lektüre von Kriminalroma-
nen und dem Schachspiel –; sie ist vielmehr ein wichtiger Verweis auf
Musik und Rhythmus als zentrale künstlerische Ausdrucksmittel
und als Lebensäußerung, die in der Performance und im intensiven
Hören von Musik wirksam werden. In einem Ernst Jandl gewidmeten Gedicht von Friederike Mayröcker mit dem Titel »*doppelte Szene*«
heißt es: »[...] ein Erinnerungsbild / tauchte gleichzeitig auf, er /
sitzt im Zimmer und schlägt / zu berstender Platten- / musik den
Rhythmus / mit Kopf und Armen, vor- / wärts und rück- / wärts,
wie einstmals / auf schwingendem / Schaukelpferd, *das / selige
Kind*«.[7] Dieses Gedicht verarbeitet, durch die Widmung bekräftigt,
ein Erinnerungsbild Friederike Mayröckers, das von der Dichterin
an die Vorstellung einer Kindheitsszene rückgekoppelt wird. Durch
diesen Rückbezug auf das »selig« schaukelnde Kind ist ein biographischer Bezug angesprochen, der Musik, Rhythmus, Kindheit und
Dichtung miteinander verknüpft. Außerdem besitzt die Musik in diesem Gedicht auch therapeutische Wirkung für den, der sich in ihr
wiegt, ist doch in der ersten Zeile von »*Nerven .. kaputt ..*« die Rede.
  Neben den audiovisuellen Dokumenten gibt es im Nachlaß Ernst
Jandls eine Fülle von handschriftlichen Zeugnissen, und besonders
die Handschriften sind im biographischen Kontext von besonderem
Interesse, die eine Ahnung von der Psychodynamik des kreativen

---

7   Friederike Mayröcker: »*doppelte Szene*«. In: Dies.: Gesammelte Gedichte 1939–2003. Hg.
     von Marcel Beyer. Frankfurt am Main: Suhrkamp 2004, S. 366.

Prozesses vermitteln. In seinen letzten Lebensjahren verlagern sich die Schreibnotizen Ernst Jandls auf die Handschrift; nicht immer ist, wie schon gesagt, sofort ein Wille zum Gedicht als *fertigem* und *zu veröffentlichendem* Gedicht aus diesen Blättern ablesbar; aber nur Gedichte, die auch durch Veröffentlichung Verbreitung finden, besaßen für ihn Relevanz – eine Reaktion auf die über ein Jahrzehnt andauernde Durststrecke, die erst mit dem Band *Laut und Luise*, mit dem 1966 der Durchbruch gelang, endete; was aber eben nicht heißt, das diese Blätter nicht doch mehr oder weniger fertige Gedichte darstellten, manche sind sogar perfekte Gedichte. Diese späten Notizen sind gekennzeichnet von einer psychomotorischen Dynamik, ablesbar an der Verteilung der Wörter und Zeichen auf dem Blatt; sie sehen aus und lassen sich begreifen wie wilde Partituren eines zunehmend von Krankheit und Depressionen begleiteten Alltags. Oft thematisieren sie auch Rhythmus und Musik im Zusammenhang mit körperlichen, kreatürlichen Vorgängen.[8]

Autobiographischen Texten als Quellenmaterial für Biographien ist mit dem allergrößten Mißtrauen zu begegnen. Interessanter als das, was sie an Fakten mitzuteilen haben, ist die Art und Weise, wie sie etwas sagen, welche Strategien der Maskierung und Selbststilisierung am Werke sind: Das Verfahren überlagert immer das biographische Substrat. Anders als viele andere Autorinnen und Autoren ist Ernst Jandl über Vorsätze zu einem Tagebuch nicht hinausgekommen. Diese Art der oft mit Blick auf die Nachwelt geschriebenen literarisierten Lebensaufzeichnungen war nicht seine Sache. Auch als Verfasser *literarischer* Briefe, der Intimes durch den Filter der schriftlichen Äußerung einem Gegenüber mitteilt, kann Jandl nur in eingeschränktem Maße bezeichnet werden. Als Tagebuchersatz dienten Ernst Jandl ab Mitte der 1970er Jahre sogenannte »Tageszettel«, mit Datum und oft auch Uhrzeit versehene Wortlisten, die von großem faktualem Wert sein mögen, was die biographische Forschung anbelangt, die aber auf den ersten Blick kaum Literari-

8   Vgl. dazu Bernhard Fetz: Psychische Schrift. Am Beispiel von Ernst Jandls »stanzen«. In: Handschrift. Hg. von Wilhelm Hemecker. Wien: Zsolnay 1999 (= Profile. Magazin des Österreichischen Literaturarchivs 4), S. 85–98 und ders.: Step by Step. Ein Konzeptblatt aus dem Nachlaß Ernst Jandls. In: Ernst Jandl (Anm. 4), S. 51–52.

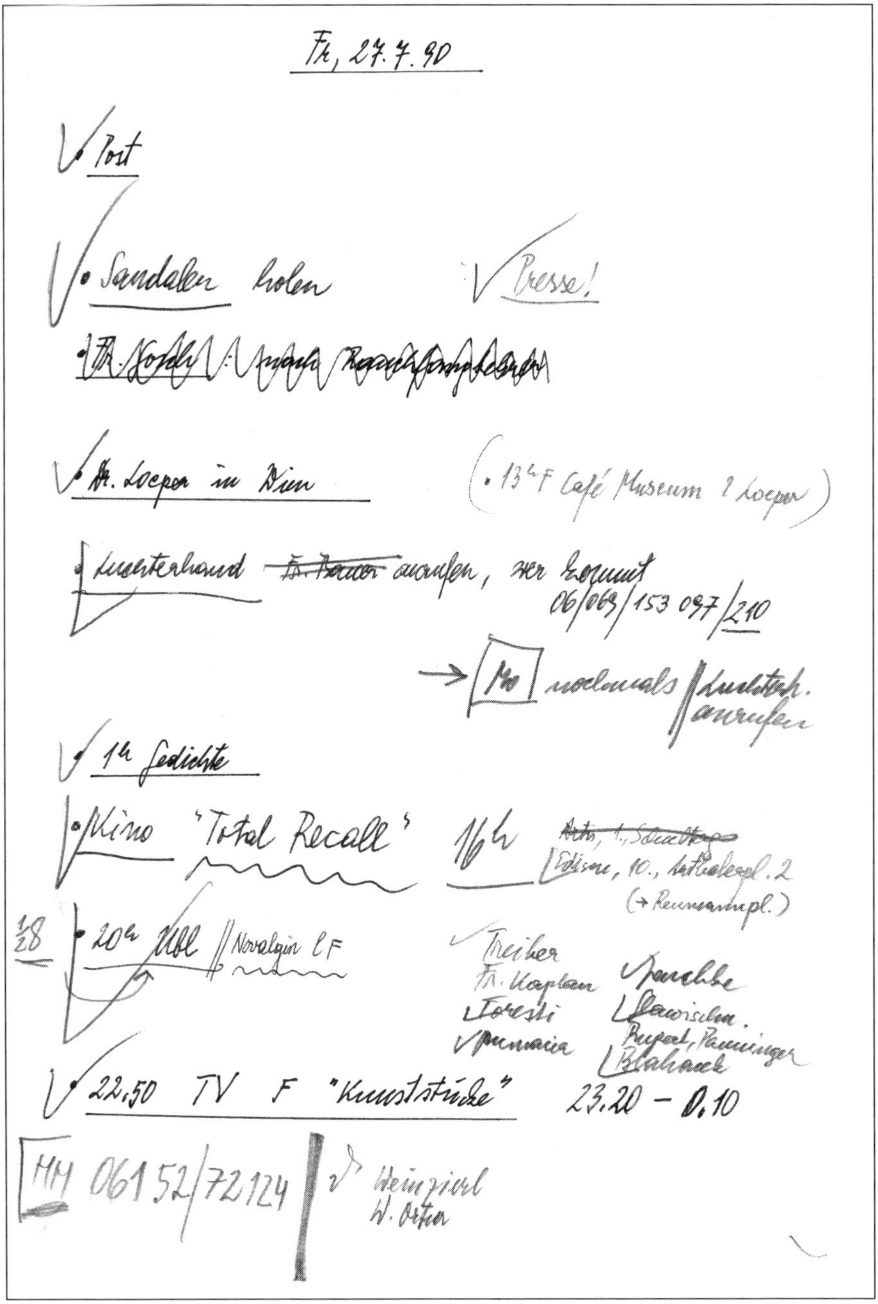

Abb. 8: Ernst Jandl: Tageszettel vom 27. Juli 1990 (Nachlaß Ernst Jandl, ÖLA 139/99)

sierungen aufweisen. Sie sind der Rohstoff, aus dem das sprachliche Ereignis eines ereignisarmen Lebens entstand, das »Aus der Fremde« heißt – die extrem verfremdete Sprechoper aus dem eigenen, beschädigten Leben. Die Tageszettel dokumentieren den Alltag eines Dichters zwischen Haushalt, Dichterlesungen und sozialen Verpflichtungen. Am Ende des Tages oder – seltener – ganz am Anfang steht oft der Name der Gefährtin vieler Jahrzehnte: Friederike Mayröcker. Am 4. November 1995 notiert Jandl als eine der Agenden des Tages »Schuhe a) Kontrolle b) kaufen« unter Hinzufügung von Markennamen und einem möglichen Ort für den Einkauf; unter dem Datum »Mi, 4.3.98« findet sich folgender Eintrag: »13 – 13^{30} Eier, Wurst, Obst [...] Rasierwasser«. Die Tageszettel vom Sommer 1990 zeigen die Regelmäßigkeit eines Tagesablaufes zumindest als Wille und Vorstellung auf dem Papier zwischen »Post«, »einkaufen«, »Briefe«, »div. Zimmerordnung«, »Hose nähen«, »Plan für morgen«, »Wochenplan« – und, immer wieder: »1 ^{h} Ged.«: als Selbstvorgabe einer Maßeinheit für das Verfassen neuer Gedichte.[9]

Die Tageszettel stellen so etwas wie das *missing link* zwischen Leben und Werk dar, zwischen Dasein und Existenz[10]. Die Gefahr, autobiographischen Selbststilisierungen zu erliegen, ist hier sicherlich geringer als bei vielen anderen autobiographischen Texten; allerdings dürfen die Tageszettel auch nicht wörtlich genommen werden, als minutiöse Verzeichnung dessen, was an einem Tag passiert ist. Denn sie sind eben oft mehr Wille zur Ordnung als diese Ordnung selbst; was es bedeutet, wenn sich hinter dem Eintrag »1 ^{h} Ged.« ein Haken findet, der die erfolgreiche Erfüllung des Plansolls anzeigt, bleibt immer eine unbeantwortbare Frage.

Am anderen Ende des auto/biographischen Spektrums stehen die veröffentlichten kristallklaren, kürzeren (auto-)biographischen Aufzeichnungen Ernst Jandls, deren autobiographischer *Gehalt* sich fast immer auf ein größeres Allgemeines zubewegt. Im 13. und

9   Nachlaß Ernst Jandl, ÖLA 139/99.
10   Zu diesem von Karl Jaspers stammenden Begriffspaar vgl. den Essay »Exemplum und Memento. Die Biographie als Mittel der Darstellung« von László Földényi in: Spiegel und Maske. Konstruktionen biographischer Wahrheit. Hg. von Bernhard Fetz und Hannes Schweiger. Wien: Zsolnay 2006 (= Profile. Magazin des Österreichischen Literaturarchivs 13), Seitenangaben zum Zeitpunkt des Redaktionsschlusses noch nicht bekannt.

letzten einer Reihe von »Autobiographischen Ansätzen« geht es um das Zusammenleben mit den eigenen Gedichten, zumal wenn man »mit seiner eigenen Vergangenheit nicht leben [kann]«. Die Gedichte werden von Jandl hier als ebenso prägend für ein vergangenes Leben empfunden wie die vielleicht quälende Erinnerung an das Leben selbst, zu dem »zu beglückwünschen« sich wenig Anlaß findet. Nachdrücklich stellt der autobiographische Text selbst den unauflöslichen Zusammenhang zwischen Leben und Werk her:

> Das konnte nur durch den Willkürakt der Beseitigung ihrer [der Gedichte; BF] zeitlichen Distanz zum jeweiligen Jetzt des Autors geschehen, durch ihre Versammlung an einem einzigen in Reichweite liegenden Punkt, durch Verdeckung ihrer Datierung und Auslöschung jedweder Chronologie – durch eine Fiktion also, die jederzeit in sich zusammenbrechen mag, um eine stöhnende, klagende, hämmernde, stampfende Meute von Greisen bis Jünglingen auf den Autor loszulassen.[11]

(Biographisches) Lesen in archivarischen Zusammenhängen heißt, nicht nur einen fertigen Text in seiner gedruckten Ordnung zu lesen, sondern sich innerhalb eines Gestrüpps von Varianten, Notizen, Sackgassen und Feldwegen zu bewegen. Die Leseintensität hängt nicht vom identifikatorischen Gehalt einer Geschichte ab, nicht von der strengen Konstruktion eines Textes, sie wird vielmehr vom Material vorgegeben: von noch vorwiegend handschriftlichen Notizen, Exzerpten, Aufzeichnungen, von Briefen und Büchern mit Arbeitsspuren, von Lebensdokumenten und Sammlungen aller Art. »Das Arbeiten an Form ist gleichzeitig eine Erfahrung. Form ist Erfahrung«, hat Ernst Jandl gemeint.[12] Damit hat er nicht nur jede avancierte Poetik auf den Punkt gebracht, sondern auch in eigener Sache festgehalten, daß das Arbeiten an Gedichten eine Erfahrung ist, die nicht vom *Leben* getrennt werden kann.

Der Einbezug textgenetischen Materials, das Erzählen von Entstehungsgeschichten besitzt gerade mit Blick auf einen so mit Spra-

---

11 Ernst Jandl: Autobiographische Ansätze. In: Ders.: Gesammelte Werke, Bd. 3 (Anm. 5), S. 655.

12 Im Gespräch mit dem Verfasser, zit. nach Bernhard Fetz: Ernst Jandl: Gedichte. In: Der literarische Einfall. Über das Entstehen von Texten. Hg. von Bernhard Fetz und Klaus Kastberger. Wien: Zsolnay 1998 (= Profile. Magazin des Österreichischen Literaturarchivs 1), S. 82–94, hier S. 92.

che lebenden und so mit Sprache arbeitenden Autor wie Ernst Jandl größte Bedeutung. So läßt sich beispielsweise zeigen, wie sich die *Kategorie* »religiöses Gedicht« durch das gesamte Werk zieht, wie groß ihre Variationsbreite ist, wie diese Kategorie im Kontext der Biographie des Autors (der religiösen Erziehung durch die Gedichte religiösen Inhalts schreibende Mutter), der Entwicklung der literarischen Formensprache innerhalb des Werkes, des Verhältnisses von Schrift und Stimme zu sehen ist. Dadurch gelangt das in Reichweite, was im Sinne Pierre Bourdieus die Determinierungen bestimmter Schreib- und Rezeptionsweisen, aber auch die Determinierungen durch biographische Vorurteile und Stereotypen freilegt und unseren Verstehenshorizont durchbricht, wenn wir besser verstehen, wie wir verstehen, und wenn wir besser verstehen, wie der Autor versteht. Es kommt darauf an, die Wege des Verstehens – der Person und des Werkes – auch in die entgegengesetzte Richtung zu gehen; vom Fertigen der Druckgestalt und vom Fertigen der Autorgestalt, wie sie in den Köpfen der Leserinnen und Leser festsitzt, in Richtung des Materials. So oder so ähnlich könnte eine Geschichte beginnen, die vom Weg des Autors in ein Archiv für Literatur erzählt.

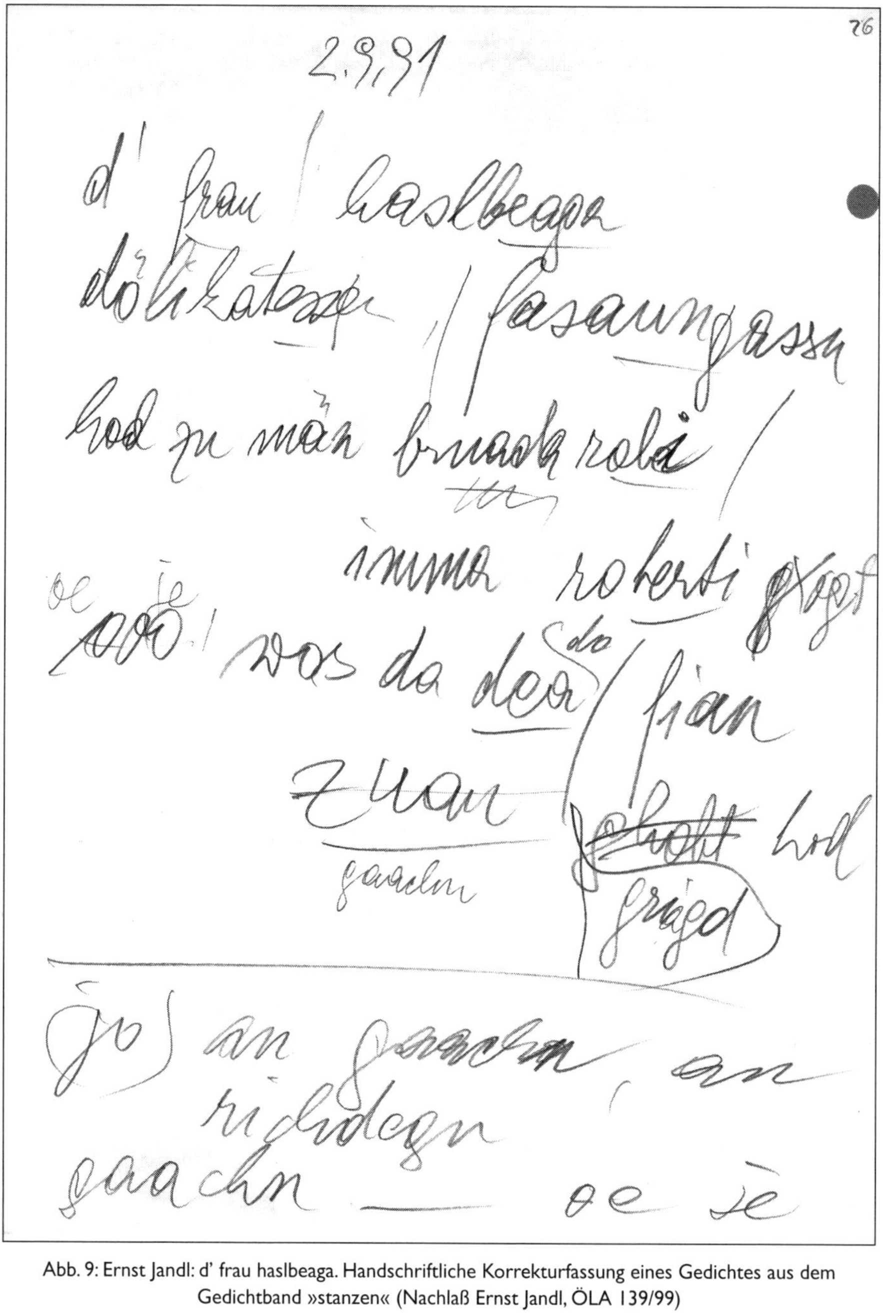
2.9.91

76

d' frau haslbeaga
dölikatessn / fasaungassn
hod zu mär bruada rolä
imma roberti gsogt
oe je ~~wo~~ was da dea / do fian
~~zuan~~ gaachn ~~ghott~~ hod gragd

jo an gaachn, an
ridideg
gaachn — oe je

Abb. 9: Ernst Jandl: d' frau haslbeaga. Handschriftliche Korrekturfassung eines Gedichtes aus dem Gedichtband »stanzen« (Nachlaß Ernst Jandl, ÖLA 139/99)

Rohstoff für das (literarische) Leben
Zur literaturgeschichtlichen und literatursoziologischen Forschung im Archiv an Beispielen des Exils und der Literatur nach 1945

MICHAEL HANSEL

D er Besuch eines Literaturarchivs hängt meistens mit einem konkreten Forschungsvorhaben zusammen. In der Regel geht in ein Archiv, wer Quellenmaterial sucht.[1] Dabei ist das Spektrum von möglichen Fragestellungen, unter denen Nachlässe bzw. Vorlässe untersucht werden können, sehr umfangreich. Mit Sicherheit sind solche Materialien für die biographische Forschung unerläßlich. Gerade die überlieferten Korrespondenzen und Lebenszeugnisse erlauben Aufschlüsse über das Leben einer Autorin bzw. eines Autors, die ohne diese Dokumente nicht möglich wären. Ebenso sind psychologische und soziologische Forschungen denkbar, mögen linguistische, kulturhistorische und allgemeine historische Fragestellungen ergiebig sein. Als Forschungsgegenstand von besonderem Interesse gelten schon seit längerer Zeit Text- und Werkgenese, die die unabdingbare Voraussetzung für historisch-kritische Editionen darstellen. Daß textgenetische Forschungen nicht allein in Hinblick auf Editionsprojekte notwendig und sinnvoll, sondern auch produktiv für die Literaturwissenschaft im allgemeinen sind, zeigen die Untersuchungen der französischen »critique génétique«. Bei der Rekonstruktion der Entstehung literarischer Werke aufgrund von

---

[1] Vgl. Michel Espagne: Genetische Textanalyse: Edition – Archiv – Anthropologie. In: Literaturarchiv und Literaturforschung. Aspekte neuer Zusammenarbeit. Hg. von Christoph König und Siegfried Seifert. München u. a.: Saur 1996 (= Literatur und Archiv 8), S. 83–103, hier S. 103.

Manuskripten und Dokumenten aus dem Nachlaß dringt immer stärker die Erkenntnis durch, daß Aufschlüsse, die die Werkentstehung liefert, zu einem vertiefenden Verständnis literarischer Texte beitragen – wohl wissend, daß damit allein die Substanz eines Textes nicht erklärt werden kann.[2]

Nur selten macht man sich bei einem Gang in ein Archiv jedoch Gedanken, in welch umfassenden Kontext dieses Material eingebettet ist. Es steht außer Frage, daß Literaturarchive die Berührungspunkte zwischen Werken und dem literatur- und in weiterer Folge kulturhistorischen Umfeld konkretisieren, eine Schriftstellerin bzw. einen Schriftsteller und ihr bzw. sein Werk in einem größeren literaturwissenschaftlichen Zusammenhang verstärkt begreiflich machen. So gesehen erweist sich die archivarische und philologische Auswertung der Bestände auch als wesentliche Komponente zu einer vertiefenden Sozial-, Literatur- bzw. Kulturgeschichte.

Veranschaulichen läßt sich dieser Aspekt beispielsweise an den Exilbeständen des Österreichischen Literaturarchivs; mit den Namen Erich Fried, Joseph Kalmer, Theodor Kramer und Hilde Spiel ist das Exil in England besonders stark repräsentiert. Schon ein erster kritischer Blick auf das Material von Fried und Kramer verdeutlicht, daß der landläufige Begriff der Exilliteratur – besonders die übliche zeitliche Eingrenzung bis 1945 – weiter gefaßt werden muß. Beide Schriftsteller hatten England ja noch lange Jahre als ihren Lebensmittelpunkt beibehalten – Fried sogar bis zu seinem Tod 1988 – und die Zeit nach dem Zweiten Weltkrieg als verlängertes Exil angesehen. Auch in bezug auf die Thematik und die Publikationsmöglichkeiten von nach 1945 entstandenen Werken muß man von einem erweiterten Verständnis des Begriffs Exilliteratur ausge-

---

2   Vgl. Rudolf Probst: Forschung im Literaturarchiv. Zur Untersuchung der Textgenese von Friedrich Dürrenmatts „Stoffen". In: Sichtungen. Archiv – Bibliothek – Literaturwissenschaft. Hg. vom Österreichischen Literaturarchiv der Österreichischen Nationalbibliothek, zsgest. von Andreas Brandtner, Volker Kaukoreit und Ingrid Schramm. Bd. 2. Wien: Turia + Kant 1999, S. 155–164, hier S. 155. Vgl. dazu auch Wendelin Schmidt-Dengler: Konkretes zur Poesie. Literaturwissenschaft und Archiv, ein Versuch. In: Vom Umgang mit literarischen Quellen. Internationales Kolloquium vom 17.–19. Oktober 2001 in Bern / Schweiz. Hg. von Stéphanie Cudré-Mauroux, Annetta Ganzoni und Corinna Jäger-Trees. Genf, Bern: Éditions Slatkine 2002, S. 25–35, hier S. 33f.

hen.[3] Erste Arbeiten Erich Frieds zu seinem Roman »Ein Soldat und ein Mädchen« (Claassen 1960) etwa mit den Themen Vertreibung, Verfolgung und Antifaschismus etc. gehen bereits auf die Zeit vor und um 1945 zurück, und Theodor Kramers Gedicht »Wiedersehen mit der Heimat« steht ganz im Zeichen einer tiefen Verstörung – gekennzeichnet durch die Jahre im englischen Exil und die Erfahrung, nach seiner Rückkehr in die alte Heimat auch hier fremd zu sein:

> Nach Jahren kam verstört, ich wieder her;
> der alten Gassen manche sind nicht mehr,
> der Ringturm kantig sich zum Himmel stemmt:
> erst in der Heimat bin ich ewig fremd [...][4]

Annähernd lückenlose Exilbestände sind, da aufgrund der bewegten Lebensläufe vieles verloren ging, äußerst rar. Aber selbst Kleinstbestände können eine Vielzahl von wichtigen Erkenntnissen beinhalten. Als Beispiel soll hier die 219 Briefe umfassende Korrespondenz Theodor Kramers an den Literaturwissenschafter Harry Zohn von 1951 bis 1958 dienen. Diese spiegeln Kramers von der Isolation in Guildford (Surrey / Südengland) geprägte Situation als Emigrant, seine Tätigkeit als Bibliothekar im County Technical College und seine ökonomischen und sozialen Lebensbedingungen sowie den verzweifelten Versuch, in ständiger seelischer, körperlicher und materieller Bedrängnis ein Dichterleben zu führen. Da der Dichter außer seinen Kalendern kein biographisches Material hinterlassen hat, kommt speziell in diesem Punkt den Briefen große Bedeutung zu.

Die monomanische Selbstbezogenheit Kramers mag LeserInnen der Briefe zunächst befremden. In ihnen artikulieren sich aber die leidvollen Erfahrungen der Emigration, Isolation und Krankheit eines Schriftstellers, dessen Rang als Dichter in seinem Heimatland bereits in Vergessenheit geraten war und der auf der anderen Seite in seinen Gedichten gerade den Kleinen und Hilflosen, den Armen und Ausgestoßenen durch Hingabe und Einfühlungsvermögen seine Stimme lieh.

---

3   Vgl. Volker Kaukoreit: Das Österreichische Literaturarchiv und seine Exilbestände. In: Die Rezeption des Exils. Geschichte und Perspektiven der österreichischen Exilforschung. Hg. von Evelyn Adunka und Peter Roessler. Wien: Mandelbaum 2003, S. 133–138, hier S. 133.
4   Theodor Kramer: Gesammelte Gedichte. Band 3. Hg. von Erwin Chvojka. Wien u. a.: Europaverlag 1987, S. 590.

Die Publikationsmöglichkeiten für deutschsprachige ExilantInnen waren, wie überall im nicht-deutschsprachigen Exil, auch
in England sehr gering. Sie mußten entweder in englischer Sprache
schreiben oder, was zum Teil noch schwieriger war, einen Verlag
finden, der sich zu einer Übersetzung bereit erklärte. Es ist daher
nur allzu verständlich, daß sich Kramer vom an der Brandeis Universität in Waltham / Massachusetts lehrenden Germanisten Zohn
in erster Linie neue Veröffentlichungsforen erhoffte. Der Lyriker hat
seinen Schreiben immer wieder Gedichte beigelegt, um sie via Zohn
Zeitungen und Zeitschriften vorzulegen. Im Zuge seiner Vermitt-
lungsversuche trat Zohn u. a. auch mit dem Leiter des New Yorker
Aufbau-Verlags, Oskar Maria Graf, in Verbindung. Graf beurteilte
die vorgelegten Gedichte äußerst kritisch. In einem Brief an den Germanisten schreibt Graf:

> Ich habe verschiedentlich versucht, für Kramer Interesse zu erwecken und
> schätze seine früheren Gedichtbände sehr, [...] aber die drei Gedichte, die
> Sie mir hier übersandt haben, sind meiner Meinung nach wirklich jäm-
> merlich![5]

Seine Meinung zu den Gedichten schrieb Oskar Maria Graf Kramer
auch persönlich, wie aus dem Briefwechsel Kramers mit Zohn her-
vorgeht. Theodor Kramer ließ die Kritik Grafs größtenteils gelten. Im
Brief vom 27. Oktober 1951 teilt er Zohn mit:

> Was nun den Brief von Oskar Maria Graf betrifft, so will ich, ohne auf Ein-
> zelheiten einzugehen, dazu bemerken: Ich schreibe nicht zu rasch und
> nicht zu viel. Aber ich sollte diese Gedichte später gründlichst feilen. Zu
> feilen, aber nicht Neues zu schreiben, ist mir ganz und gar unmöglich,
> aus Gründen der Selbsterhaltung. [...] Mit Einschränkungen dürfte die
> Kritik von Graf berechtigt sein, und auch eine Zeitungsveröffentlichung
> sollte fast ebenso sorgfältig wie eine Buchveröffentlichung erwogen wer-
> den.[6]

5   Harry Zohn: Th. Kramer, wie ich ihn erlebte. In: Chronist seiner Zeit – Theodor Kramer.
     Hg. im Auftr. der Theodor Kramer Gesellschaft von Herbert Staud. Klagenfurt / Celovec:
     Drava 2000 (= Zwischenwelt 7), S. 138–150, hier S. 141.
6   Brief von Theodor Kramer an Harry Zohn vom 27. Oktober 1951, Sammlung Harry
     Zohn, Österreichisches Literaturarchiv der Österreichischen Nationalbibliothek, Wien
     (im folgenden ÖLA), Signatur 128/B1/11.
     Trotz Grafs Kritik erschienen einige Gedichte im »Aufbau«, der Zeitschrift des Verlags, die
     Kramer mehrmals kleinere Honorare einbrachten.

An der Kritik Grafs zeigt sich früh, was gegen Ende des Briefver-
kehrs immer stärker zum Ausdruck kommen sollte. Kramers stetig schlechter werdende psychische und physische Verfassung be-
einträchtigte nicht nur sein literarisches Schaffen, sondern begann
auch, die Motive seiner Gedichte zu bestimmen. Parallel dazu wei-
chen Aufzeichnungen über seine lyrische Arbeit mehr und mehr
Berichten seines gesundheitlichen Verfalls. Im gleichen Verhältnis
wie Kramers Publikationen abnahmen, häuften sich seine depres-
siven Anfälle. Im Sommer 1956 erlitt er einen leichten Schlaganfall,
der dazu führte, daß einige Partien seines Gesichtes monatelang ge-
lähmt blieben. In jener Zeit entstand die Gedichtgruppe »Die Fratze«,
bestehend aus »Vorm Spiegel«, »Beim Sprechen«, »Unterm Vibrator«,
»Trank und Speis«, »Beim Rasieren« und »Erwachen«, jeweils dreistro-
phigen Zweizeilern, die zu jenen Arbeiten Kramers zählen, die auf
eine sehr lakonische und prosaische Sprech- und Gangart bauen,
wie sie sonst kaum bei dem Dichter vorkommen.[7] Im Gedicht »Vorm
Spiegel« verarbeitet Kramer das ›Gesichtsmuskeltraining‹ nach seinem Schlaganfall:

> Vorm Spiegel üb, gelähmt, ich mein Gesicht;
> ich tracht zu lächeln, doch ich kann es nicht.
> Zum Pfeifen spitz ich den verzerrten Mund;
> die Luft zischt tonlos, Lipp und Gaum sind wund.
> Die Stirne zieh ich hoch; sie bleibt nicht Kitt,
> die heile Seite zieht die pampstige mit.[8]

Das Gedicht erschließt sich dem Leser auch ohne Wissen um den
biographischen Hintergrund des Textes. Die zusätzlichen Informationen aber, die wie hier aus einem Briefwechsel gewonnen werden,
tragen zusätzlich zum Verständnis eines komplexen Einzelwerkes
bei. In diesem Falle kann nicht nur der konkrete Ausgangspunkt
des Gedichts festgemacht, sondern auch dessen literarische Verarbeitung nachvollzogen werden.

Gesundheitlich erholte sich Theodor Kramer nicht mehr. Sein
Bedürfnis nach immer längeren Ruhephasen nahm nun stetig zu.

---

7   Vgl. Primus-Heinz Kucher: „Wie das Laub, das grün verdorrt […]." In: Chronist seiner
     Zeit – Theodor Kramer (Anm. 5), S. 275–297, hier S. 294.
8   Theodor Kramer, Gesammelte Gedichte (Anm. 4), S. 579.

Der letzte Brief des Dichters an Harry Zohn aus dem englischen
Exil trägt das Datum vom 28. Februar 1957. Die nächste Mitteilung
sollte den Briefpartner erst im November erreichen – nach Kramers
Rückkehr nach Wien, kurz vor seinem Ableben.

Nicht selten sind es – wie in obigem Beispiel – (Teil-)Bestände und
Sammlungen weniger bekannter Personen, die das (quasi) literarische Feld in die verschiedensten Richtungen hin öffnen. Im Teilnachlaß der Malerin Trude Waehner sind zum Beispiel drei Briefe
von Veza Canetti aus dem Jahr 1944 erhalten gebliebenen, die im
besonderen zur Verlagsproblematik exilierter SchriftstellerInnen von
Interesse sind. Seit wann Trude Waehner und Veza Canetti miteinander bekannt waren, ist nicht geklärt. Waehner führte allerdings
1933 ein Atelier im achten Wiener Gemeindebezirk in der Buchfeld-
gasse, in dem zahlreiche KünstlerInnen verkehrten, u. a. Hermann
Broch und Elias Canetti, was vermuten läßt, daß die seit 1924 mit
Elias bekannte Veza (Heirat 1934) sich dort auch aufgehalten hat.
Veza Canetti jedenfalls, die 1944 mit ihrem Mann in Chesham Bois,
knapp eine Stunde von Central London entfernt, wohnte, eröffnet
ihr in vertrautem Ton verfaßtes Schreiben an Waehner mit dem Hinweis, daß es schon sehr lange her sei, seit sie voneinander gehört
haben, um dann sogleich auf ihren Mann Elias und eine Bitte zu
sprechen zu kommen: Er, Canetti, möchte von Waehner wissen, ob
sie jemanden in New York kenne, der eine Ausgabe seines 1935 in
Wien erstmals erschienenen Romans »Die Blendung« besitze und sie
ihm leihen könne, damit er dieses Exemplar einem an einer Übersetzung interessierten New Yorker Verlag zukommen lassen könne.
Schon 1943 hatte Elias Canetti einen Vertrag für eine Übersetzung
des Romans mit dem englischen Verlag Jonathan Cape geschlossen.
Offensichtlich bemühte sich der Schriftsteller nun auch um ein Zu-
standekommen einer amerikanischen Ausgabe.

Daß Veza Canetti hier die Rolle einer Vermittlerin ihres Mannes
einnahm und er davon profitierte, ist bekannt. Sie betreute Canettis
sämtliche Agenden, die ihn vom Schreiben abgelenkt hätten. Der
spätere Literaturnobelpreisträger hatte sich unterdessen fast zur
Gänze vom literarischen Schreiben losgesagt, um an seinem theoretischen Hauptwerk »Masse und Macht« zu arbeiten, das 1960 bei

Claassen in Hamburg erscheinen sollte: »He has for some time forsaken poetry and dedicates himself entirely to the work of his life, his Mass-Psychology, which he calls his Psychology on Power«.[9]

Bei besagtem amerikanischem Verlag handelte es sich augenscheinlich um das New Yorker Unternehmen Knopf. Rezeptionsgeschichtlich höchst aufschlußreich ist dabei die Tatsache, daß Canetti seinen Roman dem Knopf-Verlag bereits 1936 für eine Übersetzung angeboten hatte, die der Verlag aber kommentarlos abgelehnt hatte.

Veza Canettis Briefe vom März und vom Mai 1944 legen nahe, daß die damals in New York lebende Trude Waehner ein – möglicherweise ihr eigenes – Exemplar der »Blendung« dem Verlag übergeben haben dürfte. Die Verhandlungen mit dem Knopf-Verlag dürften – vertraut man den Zeilen Veza Canettis – aber ins Stocken geraten sein. Nichtsdestotrotz war sie voller Zuversicht für eine amerikanische Ausgabe, da im Fall einer Absage von Knopf noch ein weiterer Verlag interessiert sei. Dieser hatte allem Anschein nach schon vor mehreren Jahren eine Übersetzung geplant, die jedoch scheiterte, da sich kein kooperierender englischer Verlag fand, der die hohen Übersetzungskosten zum Teil übernehmen hätte müssen.

Der Verlag Jonathan Cape veröffentlichte die »Blendung« 1946 in der Übersetzung von Cicely Veronica Wedgwood in London unter dem Titel »Auto da Fé«. Der Roman war derart erfolgreich, daß noch im selben Jahr eine zweite und 1947 eine dritte Auflage folgte. 1947 entschied sich schließlich auch der New Yorker Knopf-Verlag, Canettis Roman unter dem Titel »The Tower of Babel« in sein Verlagsprogramm aufzunehmen. Erst über die intensive angloamerikanische Rezeption fand Canetti wieder Eingang in den deutschsprachigen Raum, woran Waehner – wenn man so will – nicht ganz unbeteiligt war.[10]

---

9   Brief von Veza Canetti an Trude Waehner vom 30. Mai 1944, Teilnachlaß Trude Waehner, ÖLA, ohne Signatur.

10   Vgl. zu den drei Briefen von Veza Canetti an Trude Waehner auch Michael Hansel und Martin Wedl: Veza Canetti an Trude Waehner. Zeugnisse zur Verlagsproblematik im Exil. In: Sichtungen. Archiv – Bibliothek – Literaturwissenschaft. Hg. im Auftr. des Österreichischen Literaturarchivs der Österreichischen Nationalbibliothek und der Wiener Stadt- und Landesbibliothek von Andreas Brandtner, Max Kaiser, Volker Kaukoreit – unter Mitarbeit von Michael Hansel. Bd. 6–7. Wien: Turia + Kant 2005, S. 31–38.

Daß die im ÖLA gesammelten Exil-AutorInnen sich untereinander gekannt haben, ist für die Literaturgeschichtsschreibung kein unwesentlicher Aspekt. Anhand der Materialien läßt sich vieles rekonstruieren, was bislang verborgen war, lassen sich Entwicklungen nachzeichnen, die eine Reihe neuer Erkenntnisse liefern und im besten Fall nicht nur Literaturgeschichte, sondern auch der Geschichte einer Epoche weitere Konturen geben. So konnte über das Archiv durch die Auswertung eines bis dahin unbekannten Briefwechsels zwischen Theodor Kramer und seiner Bekannten Hedwig Stadelmann die überraschend problematische Beziehung zwischen Kramer und seinem ›Schüler‹ Erich Fried vor dem Hintergrund der Entwicklungstendenzen der deutschsprachigen Nachkriegsliteratur nachgezeichnet werden.[11]

Auch im Nachlaß Hilde Spiels finden sich kleine Taschenkalender ihrer Exilzeit, die wichtige Termine und Begegnungen dokumentieren und die zum Teil noch gar nicht konsequent ausgewertet sind. Namen wie Hans Flesch-Brunningen und Robert Neumann tauchen dort auf wie auch die der bereits erwähnten Canetti, Fried, Kramer und Kalmer (vgl. Abb. 10).[12]

Mit dem Erwerb des Nachlasses von Joseph Kalmer, der ab den 1920er Jahren in Wien literarisch und publizistisch als Lyriker, Journalist und Übersetzer tätig war, bevor er 1938 über die Tschechoslowakei nach England flüchten mußte, kam das ÖLA auch in den Besitz der umfangreichen Materialsammlung seiner Londoner Literaturagentur. Mit der Gründung der Agentur 1945 war dem von der Literaturwissenschaft noch viel zu wenig wahrgenommenen Kalmer[13] an einer raschen Einbindung nach Österreich gelegen, galt es

---

11 Vgl. Sammlung Hedwig Stadelmann, ÖLA 57/97.
12 Vgl. Volker Kaukoreit (Anm. 3), S. 135.
13 Abgesehen von einigen Lexikoneinträgen und kurzen Erwähnungen sind bislang erschienen: Konstantin Kaiser: Nicht fremde Weite. Der Lyriker, Journalist und Übersetzer Joseph Kalmer. In: Mitteilungen des Instituts für Wissenschaft und Kunst, Nr. 2 (1987), S. 52–59; Volker Kaukoreit: »... und bitte Sie Kalmer und Kramer von mir zu grüßen«. Otto Basils Kontakt zum englischen Exil nach 1945 am Beispiel von Joseph Kalmer und Erich Fried. In: Otto Basil und die Literatur um 1945. Tradition – Kontinuität – Neubeginn. Hg. von Volker Kaukoreit und Wendelin Schmidt-Dengler. Wien: Zsolnay 1998 (= Profile. Magazin des Österreichischen Literaturarchivs 2), S. 91–116 [überarbeitete Fassung in: Ders.: Grundlagenforschung und Interpretation. Schnittstellen zwischen Archiv und Literatur-

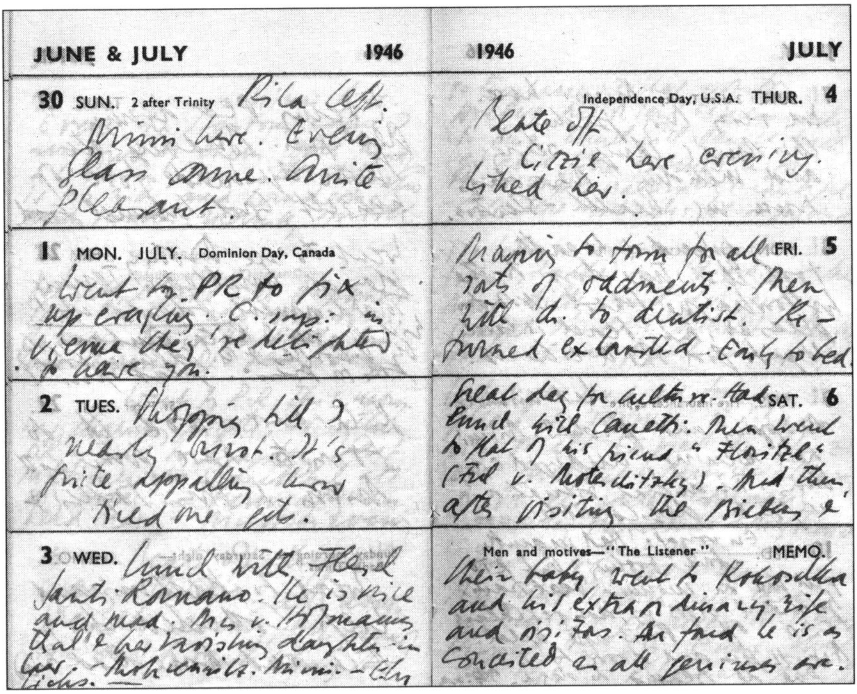

Abb. 10: Taschenkalender von Hilde Spiel aus dem Jahr 1946 (Nachlaß Hilde Spiel, ÖLA 15/91)

doch, seine ExilkollegInnen in den österreichischen bzw. deutschsprachigen Literaturdiskurs zurückzuführen. Schon auf Grund seiner Präsenz in diversen Exileinrichtungen wie dem »Austrian Centre« oder seiner regen Mitarbeit an Exilpublikationen wie dem »Zeit-
spiegel« oder der »Zeitung« ist zu vermuten, daß er wesentlich mehr
als die hier folgenden AutorInnen betreute. Neben dem befreunde-
ten Ehepaar Ilse und Arturo Barea, dessen Werk Kalmer fortan ins
Deutsche übersetzte, ist seine Vertretung für die AutorInnen Fritz
Brügel und Erich Fried, die Mitglieder des »Free Austrian PEN« Veza
Canetti, Joe Lederer und Hilde Spiel, Freimut Schwarz vom »Freien
Deutschen Kulturbund« oder für Kalmers Kollegen bei den »Europe-

wissenschaft an Beispielen der deutschsprachigen Literatur seit 1945. Wien: Habil.-Schrift
2003, S. 28–61]; Tanja Gausterer: Der Literaturvermittler Joseph Kalmer. Versuch einer
Annäherung. Wien: phil. Dipl.-Arb. 2004.

an Correspondents« Walter Tschuppik bekannt. Der Kreis erweiterte sich 1953/54 um die teilweise bereits nach Österreich zurückgekehrten USA-ExilantInnen Günther Anders, Peter Fabrizius (Sammelpseudonym für Joseph P. Fabry und Max Kühnel), Elisabeth Freundlich und Berthold Viertel.[14]

Es waren aber nicht ausschließlich ExilkollegInnen, um die sich der Literaturagent bemühte. Kalmer versuchte beispielsweise auch dem Romancier George Saiko, hauptsächlich durch seine Romane »Auf dem Floß« und »Der Mann im Schilf« bekannt, Veröffentlichungsmöglichkeiten für dessen Kurzgeschichten zu vermitteln. Die ersten Kurzgeschichten Saikos erhielt Kalmer im April 1957. Schon damals befürchtete der von London aus wirkende Förderer, daß der »sehr schwierig[e], aber sehr berühmt[e]«[15] Autor schwer bei den Zeitschriften und Zeitungen durchzusetzen sein würde, womit er Recht behalten sollte. Die meisten Redakteure sperrten sich offenbar gegen Saikos sexuell konnotierte Texte. Selbst ein enger Vertrauter Kalmers, Ludwig Eldersch, wollte und konnte einen von solcherart ›Sinnlichkeit‹ getragenen Text nicht in der Zeitung »Neues Österreich« abdrucken: »Lucki Eldersch«, so Kalmer,

> will einen Saiko, der nicht »sexy« ist. Ich hab's dem Saiko gesagt, ich glaube nicht, daß wir außer dem »Feindlichen Gott« eine unsexy story von Saiko haben, aber man müßte auch die vorhandenen schön langsam auszuschicken beginnen, denn die meisten sind Sommerstories.[16]

Trotz der Absagen hielt Kalmer an seinem Autor fest. Anläßlich der Vergabe des Literaturpreises der Stadt Wien an Saiko im Mai 1959 ließ Kalmer sofort eine ›Saiko-Offensive‹ vorbereiten und schrieb seiner Frau Erica zwar zuversichtlich, aber nicht ohne Wehklage:

14   Vgl. Tanja Gausterer (Anm. 13), besonders S. 62–95.
      Für den Einblick in den neuesten Forschungsstand danke ich Frau Mag. Tanja Gausterer, die ein Forschungsprojekt zu Joseph Kalmer vorbereitet, besonders herzlich.
15   Brief von Joseph an Erica Kalmer vom 1. April 1957, Nachlaß Joseph Kalmer, ÖLA, ohne Signatur.
16   Brief von Joseph an Erica Kalmer vom 22. März 1959, Nachlaß Joseph Kalmer, ÖLA, ohne Signatur.

Saiko wird sich schon noch durchsetzen; wenn der alte Tepp nicht so »erotisch« schreiben tät', wär' alles viel leichter. Aber mit 68 Jahren scheint man nichts anderes mehr im Kopf zu haben.[17]

Dem Literaturvermittler gelang es mit der systematischen Reklame-Aktion, zumindest einige Geschichten in Printmedien unterzubringen. Nun nahm (ein dreiviertel Jahr nach der Absage von Eldersch) auch die Zeitung »Neues Österreich« den Autor in ihr Programm auf. Interessanterweise veröffentlichte sie obendrein mit »Giraffe unter Palmen« Saikos vielleicht an erotischen Impulsen reichsten Text – eine Geschichte über eine Dreiecksbeziehung. Saiko jedenfalls wurde für viele Redakteure erst dann ein Thema, als mit dem Preis der Stadt Wien sozusagen eine erste ›offizielle Huldigung‹ seines Schaffens vorlag.

Welch eminent wichtiges Hilfsmittel ein in einem Literaturarchiv verwahrter Bestand für die Forschung sein kann, offenbart sich gerade am Beispiel George Saikos. Werk und Wirkung des Autors sind von einer äußerst ambivalenten Deutung und Wahrnehmung durch literarische Öffentlichkeit, Kritik und Wissenschaft gekennzeichnet. Warum der Dichter schon zu Lebzeiten weitgehend unbekannt blieb und sein Name heute noch fremd klingt, zeigt sich bereits am unglücklichen und letztlich wirkungslosen Erscheinen seines Romans »Auf dem Floß«, das sich anhand der Quellen im Nachlaß sehr gut nachzeichnen läßt. Für Saiko und die meisten anderen AutorInnen, die vor 1945 nicht oder kaum publiziert hatten, war die Lage am literarischen Markt besonders trist. Noch bis weit in die 1950er Jahre hinein fanden sie nur in Zeitschriften und Anthologien Raum für ihre Werke. Der Romancier spekulierte deshalb mit einer englischsprachigen Veröffentlichung seines Romans und hoffte dabei auf die Hilfe seines langjährigen, in die USA emigrierten Freundes Hermann Broch. Dieser wies Saiko jedoch auf die Notwendigkeit einer deutschsprachigen Ausgabe hin und empfahl dem Freund, sein Manuskript unter Berufung auf ihn dem Carl Posen Verlag in Zü-

---

17   Brief von Joseph an Erica Kalmer vom 14. Mai 1959, Nachlaß Joseph Kalmer, ÖLA, ohne
      Signatur.

rich anzubieten.[18] Saiko übertrug dem Verlag die deutschsprachigen Verlagsrechte seines Romans und erklärte sich einverstanden, daß Carl Posen das Buch neben einer Ausgabe für die Schweiz auch als Lizenzausgabe in Deutschland und Österreich herausgeben sollte.[19] Der Wiesbadener Limes-Verlag verlegte dann im Herbst 1948 die Erstauflage für Deutschland. Die Freude Saikos über den erschienenen Band währte jedoch nicht lange. Offenbar inzwischen in finanzielle Schwierigkeiten geraten, kam eine schweizerische oder österreichische Ausgabe für Posen nicht mehr in Frage. Noch dazu war die Ausstattung des Buches durch den Limes-Verlag von so schlechter Qualität, daß der Band bei den seither in Deutschland viel besser gewordenen Verhältnissen – was vor allem die Brauchbarkeit des Papiers betraf – kaum noch als verkäuflich angesehen werden konnte. Für Saiko doppelt schlimm war die Tatsache, daß Österreich von seinen Nachbarn vorerst weitgehend isoliert war. Der Außenhandel umfaßte nur die lebensnotwendigsten Waren, weshalb eine Einfuhr der Limes-Ausgabe aus Deutschland scheiterte und das Buch gewissermaßen unter Ausschluß der Öffentlichkeit erschien.

Treffend und pointiert formulierte die »Welt am Montag« diese doch paradoxe Situation: Die Ausführungen, daß man dieses geistreiche und interessante Werk des Wiener Autors zwar in Mainz und Frankfurt, nicht aber in den Wiener Buchhandlungen zu kaufen bekomme und ein Rezensent statt des Verlages diesmal den Namen einer Leihbibliothek angeben müsse, um auf diese Neuerscheinung aufmerksam zu machen, beschließt der Redakteur mit dem sichtlich ironisch gemeinten Aufruf: »Man entlehne es!«[20] Die Veröffentlichung seines Romans nahm nur ein kleiner Kreis von ›Eingeweihten‹ wahr. Eine Frage des Erzählers und Essayisten Herbert Zand, die er Saiko in einem Schreiben 1952 – also vier Jahre nachdem der Roman gedruckt vorlag – gegenüber äußerte, ist bezeichnend für diesen Umstand: »Er-

18   Vgl. Brief von Hermann Broch an George Saiko vom 19. Februar 1947. In: George Saiko: Sämtliche Werke in fünf Bänden, Band V. Hg. von Adolf Haslinger unter Mitarbeit von Regina Slawitschek. Salzburg, Wien: Residenz 1992, S. 25.
19   Vgl. Abschrift des Vertrags zwischen Carl Posen und George Saiko vom 30. Juli 1947, Nachlaß George Saiko, ÖLA, Signatur 86/B145.
20   Anonym: „Auf dem Floß". In: Welt am Montag, 31. Oktober 1949.

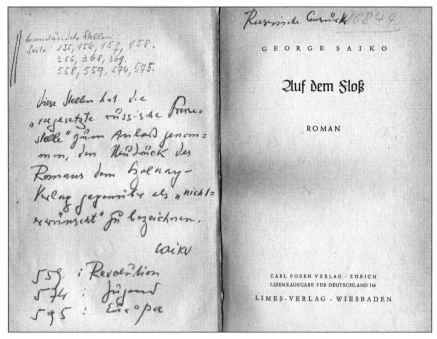

Abb. 11: George Saiko: Auf dem Floß. Wiesbaden: Limes 1948 (ÖLA 202a/03)

lauben Sie mir die Frage: Ist dieses Buch erschienen, und wo?«[21]

Durch die in Umlauf befindlichen Ramsch-Exemplare war in Deutschland an eine Neuauflage von »Auf dem Floß« vorerst nicht zu denken. Licht am Ende des Tunnels zeigte sich allerdings, als Ende 1950 der Wiener Paul Zsolnay Verlag erwog, das Buch in sein Verlagsprogramm aufzunehmen. Der Verlag lag damals in der sowjetisch besetzten Zone Wiens, weshalb das Werk zuerst der vorgesetzten Pressestelle, einer von der sowjetischen Besatzungsmacht eingerichteten Zensurstelle, die die Verlagsproduktion überwachte, zur Begutachtung vorgelegt werden mußte.

Am 20. Februar 1951 teilte der Zsolnay Verlag Saiko die Entscheidung der Pressestelle mit:

---

21   Brief von Herbert Zand an George Saiko vom 26. Januar 1952. In: George Saiko (Anm. 18), S. 243.

> Wir bedauern, Ihnen mitteilen zu müssen, daß uns von der zuständigen
> Pressestelle die Herausgabe Ihres Werkes »Auf dem Floß« nicht bewilligt
> wurde. Es tut uns sehr leid, daß dieser interessante Roman nicht in un-
> serem Verlag erscheinen kann [...].[22]

In einer vom Österreichischen Literaturarchiv erworbenen Ausgabe
des Romans hat George Saiko die Seiten der beanstandeten Stellen
notiert und dazu vermerkt (vgl. Abb. 11): »Diese Stellen hat die ›vor-
gesetzte russische Pressestelle‹ zum Anlaß genommen, den Nach-
druck des Romans dem Szolnay-Verlag [sic!] gegenüber als ›nichter-
wünscht‹ zu bezeichnen.«

Die inkriminierten Stellen beziehen sich auf die Erinnerungen des
russischen Emigranten Eugen und sein von Verfolgung und Gefan-
genschaft geprägtes Schicksal in der Russischen Revolution. Saikos
historischer Kenntnis der Zeit und seiner Darstellung und Einfüh-
lung in die russische Atmosphäre und deren nationale Eigenheiten
wurde seitens der Zensur bewußt ein Riegel vorgeschoben. Noch ein
Jahr später äußerte sich der Schriftsteller abschätzig und verständ-
nislos gegenüber dieser Entscheidung, wie ein Brief an den Zürcher
Ex-Libris-Verlag offenbart:

> Wir haben hier offiziell natürlich keine Zensur, aber eine »vorgesetzte
> Pressestelle« – Sie dürfen raten welchen »Elements« – hat das Erscheinen
> des Buchs in Österreich »nicht gewünscht«. Das ist natürlich kein Verbot,
> aber es hat genügt, daß der Roman hierzulande praktisch so gut wie un-
> bekannt geblieben ist.[23]

Die hier kurz angerissenen Beispiele geben nur einen verschwin-
dend geringen Teil der Menge an Materialien und Dokumenten im
Literaturarchiv wieder, die etwa für die Exilproblematik, die Produktionsbedingungen und die Erforschung der gesellschaftspolitischen
und ökonomischen Voraussetzungen von Literatur – kurz gesagt für

---

22   Brief vom Paul Zsolnay Verlag an George Saiko vom 20. Februar 1951. In: George Saiko
      (Anm. 18), S. 249.
23   Brief von George Saiko an den Ex-Libris-Verlag vom 15. April 1952. In: George Saiko
      (Anm. 18), S. 250.
      Zur vielschichtigen Problematik von Saikos literarischem Schaffen vgl. auch Michael
      Hansel: Unbequem und unzeitgemäß. Bemerkungen zu Nachlaß, Werk und Wirkung. In:
      George Saiko. Texte und Materialien. Hg. von Michael Hansel und Klaus Kastberger. Wien:
      Sonderzahl 2003 (= Österreichisches Literaturarchiv – Forschung 5), S. 70–86.

eine Sozialgeschichte der Literatur – bereitstehen. Und denkt man an das vielfach noch gar nicht ausgewertete Literatur- und Kulturgut – wie etwa die umfangreichen Nachlässe von Ernst Schönwiese und Wolfgang Kraus oder das Paul-Zsolnay-Verlagsarchiv –, sind noch Schätze zu erforschen, die ohne Zweifel weitere überraschende Aspekte des literarischen Lebens zu Tage fördern werden. Vielleicht müßte dann auch so manche Literaturgeschichte neu geschrieben werden. Der Rohstoff jedenfalls liegt vor, der Verarbeitung harrt er teils noch.

›Stimmgewaltig‹
Audiovisuelle Medien im Österreichischen Literaturarchiv am Beispiel Hilde Spiels, Ernst Jandls und Heimrad Bäckers

MARTIN WEDL

Hilde Spiel und die Problematik veralteter Technologien

Mit dem Erwerb von Vor- und Nachlässen gelangen an das Österreichische Literaturarchiv (ÖLA) auch zunehmend audiovisuelle Medien (AV-Medien), also Tonbänder, Videokassetten, Audio-CDs, Audiokassetten und diverse weniger gebräuchliche Film- und Tonträger.[1] Im Gegensatz zu den verschriftlichten Zeugen literarischen Schaffens, die nach bestimmten, klar definierten Regeln begutachtet, geschätzt und erworben werden,[2] gibt es zumindest derzeit noch keinen Leitfaden für den Erwerb von AV-Medien.[3]

---

1   Erstmals kamen 1991 mit dem Nachlaß von Hilde Spiel (ÖLA 15/91) AV-Medien an das Archiv.

2   Vgl. dazu die »Empfehlungen für einen Geschäftsgang ›Erwerbung von Nachlässen und Autographen‹« von Volker Kaukoreit für die Kommission für Nachlaßbearbeitung der Vereinigung Österreichischer Bibliothekarinnen und Bibliothekare (VÖB) sowie den »Leitfaden zur Abfassung eines schriftlichen Vertrages über den Erwerb (Ankauf und Schenkung) von Nachlaßmaterialien in österreichischen Literaturarchiven«, ebenfalls von der Kommission für Nachlaßbearbeitung der VÖB: http://www.uibk.ac.at/voeb/konach.html#erwerbung (Stand 18. Juni 2006) bzw. http://www.uibk.ac.at/voeb/vm54-1a.html#leit (Stand 18. Juni 2006). Die Problematik der Bepreisung sowie Erwerbungsstrategien einzelner österreichischer Archive und die allgemeine Entwicklung des Autographenmarktes werden regelmäßig auf den Arbeitstagungen der österreichischen Literaturarchive (KOOP-LITERA) diskutiert.

3   Ein erster Versuch wurde vom Verfasser unternommen, der für die VÖB-Kommission für Nachlaßbearbeitung ein Papier für den Umgang mit audiovisuellen Medien erstellte. Darin werden grundlegende Probleme bei der Sichtung, Bewertung und Manipulation besprochen und Hinweise für eine mögliche weitere konservatorische Behandlung gegeben.

Man könnte beinahe von einer (durchaus erklärlichen) »déformation professionelle« sprechen, wenn wissenschaftliche MitarbeiterInnen eines Literaturarchivs zwar mit jedweder Form von Papier bestens und nach allen Regeln der archivarischen Kunst umzugehen wissen, beim Kontakt mit Video-2000-Kassetten aus den 1980er Jahren oder Selbstschnittplatten aus den 1940er Jahren eine gewisse scheue Zurückhaltung zeigen. Zur Ehrenrettung der betroffenen WissenschaftlerInnen muß jedoch gesagt werden, daß die ›Scheue‹ durch eine zuweilen verblüffende Unzugänglichkeit der Trägermaterialien verursacht und verstärkt wird.

Bleiben wir kurz bei den Video-2000-Kassetten, die sich im Nachlaß von Hilde Spiel (1911–1990) befinden und betrachten das scheinbar Singuläre der Anekdote als etwas im Bereich der AV-Medien durchaus Beispielhaftes: Video 2000 war eines jener drei Home-Video-Formate,[4] die in den 1970er Jahren in den USA und dann in den 1980er Jahren auch in Europa im Kampf um die Vorherrschaft auf dem bald boomenden Heim-Video-Sektor in den Ring geschickt wurden. Obwohl VHS das qualitativ schlechteste Format war, hat es sich letztlich durchgesetzt,[5] weshalb man heute zwar immer noch VHS-Video-Recorder zu Billigstpreisen kaufen kann, die jüngere Generation der VerkäuferInnen in Elektrogroßmärkten aber die beiden anderen Video-Formate nur noch vom Hörensagen kennt. Um feststellen zu können, ob die Beschriftungen der insgesamt 28 Video-2000-Kassetten Hilde Spiels mit den darauf fixierten Inhalten übereinstimmen, hätte das Archiv über ein funktionierendes Abspielgerät verfügen müssen. Glücklicherweise wurde beim Verkauf des Nachlasses auch der Video-Recorder der Autorin übergeben – es sei daran erinnert, daß zum Zeitpunkt des Nachlaßerwerbs Video 2000 zwar schon ein obsoletes Format, aber die Wahrscheinlichkeit,

---

4   VHS, Video 2000 und Betamax.

5   Video 2000 und vor allem Betamax hatten eine wesentlich bessere Wiedergabequalität, doch Betamax-Bänder wiesen gegenüber VHS-Bändern eine kürzere Aufnahmedauer auf, Video-2000-Geräte wiederum waren extrem anfällig für falschen Bandeinzug und damit verbunden ›Bandsalat‹. Vgl. dazu die sehr aufschlußreichen Ausführungen in: http://de.wikipedia.org/wiki/Formatkrieg#VHS_.28JVC.29.2C_Betamax_.28Sony.29_ oder_Video_2000_.28Philips.29_-_Welches_ist.2Fwar_das_bessere_System.3F sowie die übrigen in diesem Zusammenhang verlinkten Beiträge zum Thema (Stand 18. Juni 2006).

ein noch funktionstüchtiges Gerät vorzufinden, groß war. Aus unterschiedlichen Gründen kam es aber nie zum Gerätetest. Erst vier-
zehn Jahre später interessierte sich der Verfasser des vorliegenden
Beitrages für das Gerät. Rund ein Jahr zuvor hatte das ÖLA seinen
›traditionellen‹ Gerätepark für das Abspielen von neueren Bild- und
Tonträgerformaten erweitert,[6] um ArchivbenützerInnen den stetig
wachsenden Bestand an AV-Medien in einem eigens dafür vorgese-
henen AV-Raum zur Verfügung stellen zu können – ein zusätzliches
Gerät für das Abspielen der Video-2000-Kassetten wäre selbstverständlich wünschenswert gewesen. Doch es sollte anders kommen,
denn der Video-Recorder, der nun auf seine Übersiedlung zu den
dreidimensionalen Sammelobjekten wartet, verwickelte die eingelegte Kassette und sorgte nicht nur für einen glatten Bandriß, sondern bestrafte die Ambitionen des Archivars mit einem leichten, aber
›unmißverständlichen‹ Stromschlag.

Um ein Abgleiten ins Anekdotische zu vermeiden, sei ganz nüch-
tern darauf hingewiesen, daß die fehlende Abspielmöglichkeit dieser
Kassetten ein (noch) nicht so drängendes Problem darstellt. Wenn
man den Beschriftungen der Autorin Glauben schenken darf,[7] so
hat sie auf den überlieferten Kassetten hauptsächlich Spielfilme aus
dem Fernsehen aufgenommen, die noch dazu im Zuge des unge-
heuren Schubs an Wiederveröffentlichungen durch die kommerzi-
elle Ausreizung des Mediums DVD zu einem Großteil problemlos in
digitaler Form zu einem geringen Preis erhältlich sind.[8] Andererseits
befindet sich unter den Aufnahmen auch eine Kassette mit der Aufschrift »Mirko und Franca«, dem Titel der gleichnamigen Erzählung

---

6   Ein qualitativ sehr hochwertiges Doppel-Kassetten-Deck mit Dolby B, C und S, einen
    soliden Dolby-Surround-Verstärker, einen zum ›damaligen‹ Zeitpunkt guten CD-Player
    sowie einen zumindest verwendbaren Plattenspieler (der aber nur die Umdrehungsge-
    schwindigkeiten 33 1/3 sowie 45 unterstützt, womit etwa das Abspielen von älteren Vinyl-
    platten mit 78 Umdrehungen nicht möglich ist). Weiters wurden zwei sehr gute 6-Kopf-
    Stereo-Video-Recorder – allerdings nicht die qualitativ besseren S-VHS-Geräte – und ein
    Fernseher mit 70 cm Bilddiagonale gekauft.

7   Wer selbst aus dem Fernsehen aufnimmt, weiß, daß gerade Videokassetten Träger von
    meist sehr flüchtigen Inhalten sind, weshalb die letztlich ›endgültigen‹ Beschriftungen
    nicht immer Zeugnis ablegen von den tatsächlichen Inhalten.

8   Etwa »Le jour se lève« (Marcel Carné 1939), »La Règle du jeu« (Jean Renoir 1939), »Dr.
    Strangelove or: How I Learned to Stop Worrying and Love the Bomb« (Stanley Kubrik
    1964), »Kagemusha« (Kurosawa Akira 1980) etc.

der Autorin aus 1980, ohne weitere Rückschlüsse auf die Art der aufgenommenen Sendung zuzulassen. Andere Hinweise auf nicht ohne weiteres zugängliches Film- und Fernsehmaterial, das vermutlich in einem engeren Werkzusammenhang zu sehen ist, lauten wie folgt: »Flesch Club 2«,[9] »Thomas Bernhard« und »Karl Kraus Die letzten Tage der Menschheit«. Das ÖLA verfügt, wie schon erwähnt, wie die gesamte Österreichische Nationalbibliothek über kein Video-2000-Gerät, eine Einsichtnahme ist der Institution also ohne Unterstützung von außerhalb gar nicht möglich.[10]

Wesentlich gravierender fällt der Mangel an tauglichen Abspielgeräten z. B. bei den derzeit insgesamt 168 Tonbändern aus: Zwar besitzt die Musiksammlung der ÖNB im Gegensatz zum ÖLA zumindest einige der erforderlichen Tonbandgeräte,[11] aber aufgrund des teils schon beträchtlichen Alters der Tonbänder und der unter ExpertInnen bekannten, zuweilen gravierenden konservatorischen Schwächen der Trägerschichten scheint ein Abspielen dieser Bänder nur von ›erfahrenen‹ Händen ratsam. Die vielen unterschiedlichen Formate bei Kassetten für Diktiergeräte oder private Super-8-Filme seien hier nur zur Vervollständigung der Liste von Problemfällen erwähnt.

Um die düstere Ratlosigkeit angesichts dieser Vielzahl von Schwierigkeiten mit dem Lichte der (technischen) ›Aufklärung‹ zu vertreiben und um ein taugliches Konzept für das Anbieten der Medien für BenützerInnen zu entwickeln, nahm das ÖLA im Herbst 2004 Kontakt mit zwei auf dem Gebiet der Archivierung von AV-Materialien renommierten Institutionen, dem Phonogrammarchiv der Österreichischen Akademie der Wissenschaften sowie der Österreichischen Mediathek des Technischen Museums Wien, auf. Zum einen gaben die Gespräche Hoffnung, da beide Institutionen über ver-

---

9   Der Titel verweist auf Hilde Spiels zweiten Ehemann, den Publizisten und Schriftsteller Hans Flesch-Brunnigen, der in der populären Fernseh-Diskussionsrunde »Club 2« des Österreichischen Rundfunks (ORF) auftrat.

10   Die Österreichische Mediathek des Technischen Museums Wien, von der in weiterer Folge noch die Rede sein wird, hat 2004 größere Mengen von Video-Recordern aller Formate angekauft und für eine Digitalisierung der Bänder tauglich gemacht.

11   Tonbänder konnten im Laufe der Jahre mit Vollspur-Mono-, Halbspur-Stereo-, Halbspur-Amateur-Stereo-, Halbspur-Mono-, Studio-Stereo- sowie Viertelspur-Mono-Geräten aufgenommen werden.

sierte MitarbeiterInnen mit dem notwendigen Fachwissen und die erforderliche Ausrüstung auch für seltene Formate verfügen, zum anderen wiesen sie deutlich in eine Richtung, die vom ÖLA bis dahin nicht in Betracht gezogen worden war: Um die bereits stark gefährdeten oder schon beschädigten Trägermaterialien bzw. die Inhalte erhalten und zugänglich machen zu können, ist unbedingt eine Digitalisierung nach den Standards der International Association of Sound and Audiovisual Archives (IASA)[12] erforderlich. Auf Anregung des ÖLA, das einen Alleingang bei der Digitalisierung als weder finanzierbar noch für die ÖNB sinnvoll erkannt hatte, wurde von der Generaldirektion eine sammlungsübergreifende Arbeitsgruppe zur Digitalisierung der AV-Bestände am Haus ins Leben gerufen.[13] Aufgrund der hohen technischen und fachlichen Anforderungen stellte sich rasch heraus, daß die Digitalisierung ExpertInnen mit entsprechendem jahrelangem Wissen überlassen werden muß. Nach dem

12   Vgl. International Association of Sound and Audiovisual Archives: IASA – TC04. Guidelines on the Production and Preservation of Digital Audio Objects. Aarhus: State and University Library [2004]. An der Ausarbeitung ähnlicher Richtlinien für die Digitalisierung von bewegten Bildern wird gearbeitet.
Digitalisierung nach den Richtlinien der IASA – TC04 bedeutet den Transfer von analogen Tondokumenten in digitale WAV-Files, die eine Samplingrate von 96 kHz und eine Bit-Tiefe von 24 aufweisen. Für die Produktion von Audio-CDs wird vergleichsweise nur eine Samplingrate von 44,1 kHz und eine Bit-Tiefe von 16 verwendet. Somit werden Tonmaterialien mit einer alters- und durch die damaligen technischen Voraussetzungen bedingten minderen Qualität in einer viel höheren Auflösung digital gespeichert als dies bei den handelsüblichen Audio-CDs der Fall ist. Die so anfallenden Datenmengen sind entsprechend groß: Eine Stunde digitalisiertes Audio-Material benötigt einen Speicherplatz in der Größe von 1–2 GB. Dadurch entstehen für Institutionen, die sich für eine Digitalisierung ihrer analogen Audio-Bestände entscheiden, neben den beträchtlichen Kosten, die der Überspielvorgang durch ExpertInnen verursacht, zusätzliche Kosten durch erhöhten Speicherplatzbedarf, IT-Aufrüstung sowie die Folgekosten einer Langzeitarchivierung, die ein regelmäßiges »Migrieren« (= Überspielen auf neue Datenträger, um einem Verfall der alten zuvorzukommen) der Daten sowie Sicherung in einem katastrophensicheren Bunker nach sich ziehen. Außerdem müssen die neu entstandenen Audio-Files dem Publikum auf entsprechenden Abspielstationen zur Verfügung gestellt werden. In der Regel erzeugt man von den hochaufgelösten WAV-Files mp3-Kopien in einer Auflösung von 128 kBit/s.

13   Die erste Sitzung fand am 29. März 2005 statt. Die Arbeitsgruppe wird geleitet von Michaela Brodl, der Leiterin des Österreichischen VolksLiedWerkes, und setzt sich weiters aus den zwei ständigen Mitgliedern Marc Strümper (Musiksammlung) und Martin Wedl (ÖLA) zusammen. Unterstützt wurde die Gruppe immer wieder durch zahlreiche ExpertInnen an der ÖNB sowie durch den großen persönlichen Einsatz von Frau Nadja Wallaszkovits vom Phonogrammarchiv und durch die Beiträge von Dietrich Schüller, den Leiter des Phonogrammarchivs.

Abschluß eines Ausschreibungsverfahrens wird die ÖNB zukünftig mit der sukzessiven Digitalisierung ihrer Tonträger beginnen.[14] Der Weg bis zur Ausschreibung war ein ungemein steiniger, gespickt mit einer Fülle an technischen Details, die für Literatur- und selbst MusikwissenschaftlerInnen oftmals das Maß des Verständlichen zu übersteigen schienen. Nichtsdestotrotz wird das ÖLA in absehbarer Zukunft hoffentlich nicht nur in der Lage sein, seine audiovisuellen Bestände zur Verfügung zu stellen, sondern auch die tatsächlichen Inhalte in großem Umfang zu erschließen.

Im Grunde wichtiger als technische Machbarkeiten ist für das Archiv schließlich der Wert der gespeicherten Informationen. Neben den bereits genannten Institutionen, die sich der Bewahrung von AV-Medien verschrieben haben – Österreichische Mediathek und Phonogrammarchiv –, gibt es viele andere Einrichtungen, die Film- und Tondokumente sammeln.[15] Ein wesentlicher Unterschied zum ÖLA sind sicher die deutlicher erkennbaren Konturen der Sammelschwerpunkte in diesen Institutionen. Mit dem ÖLA verhält es sich in dieser Frage anders: In der Regel ist ein gezieltes Sammeln der Dokumente nicht möglich, vielmehr ist das Archiv davon abhängig, ob und was bei Nachlässen nicht der kostenlosen Räumung durch AltwarenhändlerInnen zum Opfer fällt bzw. was AutorInnen als verkaufenswert erachten.[16] Das Gesammelte stellt zwar einen meist unmittelbaren Zusammenhang zu Personen und ihrem Schaffen her, die Quellen sind aber so vielseitig wie die Trägerformate. So versammeln AutorInnen in ihren Film- und Tondokumenten private Aufnahmen aus Fernsehen und Rundfunk, Lesungsmitschnitte, eventuell auch Aufnahmen rein privater Natur, Gesprächsprotokolle, Tonbandbriefe,

14 Die oben erwähnte Arbeitsgruppe beschäftigt sich derzeit ausschließlich mit der Digitalisierung von Tonträgern, da es bisher noch keinen von den Archiven gebilligten entsprechenden Standard für bewegte Bilder gibt. Im Gespräch ist das Format MXF (Material eXchange Format), das gute Chancen auf eine internationale Anerkennung hat.

15 Genannt seien hier nur das Literaturhaus Wien, das Veranstaltungen im Haus mitschneidet, oder das Österreichische VolksLiedWerk, das immerhin rund 6000 Tonträger besitzt und immer wieder neue Feldforschungsaufnahmen bekommt.

16 Öfter läßt sich feststellen, daß AutorInnen den von ihnen in der Regel ja selbst angelegten Sammlungen von Ton- und Filmdokumenten, die meist in der einen oder anderen Form einen sehr starken Konnex zu ihrem Schaffen haben, wenig Bedeutung beimessen und überrascht sind, wenn das Archiv auch am Erwerb dieses Materials Interesse zeigt.

regulär erhältliche Musik-CDs etc. Es handelt sich unter Umständen also zu einem Großteil um ›bloß gesammeltes‹ Material, das keineswegs den Charakter eines Werkes oder auch von Lebensdokumenten hätte. Dennoch kann es aufgrund seiner ganz spezifischen Zusammenstellung – etwa in bezug auf die musikalische Sozialisation, die mitunter mit dem literarischen Schaffen in Zusammenhang steht – großen Aussagewert besitzen.[17] Auch eine umfangreiche Sammlung von Rundfunkbeiträgen stellt eine wertvolle Dokumentation zur Rezeption von Werk oder Person dar.[18] Die letztendlich beinahe immer fehlende Homogenität der audiovisuellen Materialien kann durchaus positiv beurteilt und muß nicht als Argument gegen die Digitalisierung vorgebracht werden. Unbestritten bleibt die Tatsache, daß eine Digitalisierung sämtlicher Medien ohne das Setzen von klaren Prioritäten[19] nicht sinnvoll ist, da die Gefahr des Verzettelns mit weniger prioritären Dokumenten nicht unterschätzt werden sollte. Man sollte sich aber in jedem Fall die Option offen halten, in ferner Zukunft, wenn die finanziellen Ressourcen noch immer vorhanden sein sollten, auch jene Bestände zu digitalisieren, die auf der Prioritätenliste ganz unten stehen. Im folgenden sollen die ›Musiksammlung‹ des Lyrikers Ernst Jandl und die Video-Sammlung des Schriftstellers Heimrad Bäcker als Beispiel dafür herangezogen werden, daß audiovisuelle Medien – selbst wenn es sich dabei nur um kommerziell erworbene

17   Dies gilt wie sonst bei keinem Bestand des ÖLA für die Audio-Sammlung von Ernst Jandl (ÖLA 139/99).

18   Josef Haslinger hat auf zahlreichen Audiokassetten unzählige Rundfunkbeiträge zu seinen Werken gesammelt, zudem gibt es einige VHS-Videokassetten, auf denen er minutiös Beiträge zu Person und Werken aufgenommen hat (ÖLA 216/03).

19   Sinnvoll erscheint eine Vermischung von inhaltlichen und materialbezogenen Kriterien: Jene Dokumente, die originären Werkcharakter haben, bzw. Dokumente auf stark gefährdeten Trägern sollten immer Vorrang haben gegenüber Dokumenten mit bereits in irgendeiner Form publizierten Inhalten. Nichtsdestotrotz sollten aber, wenn entschieden wird, daß nicht sämtliche Träger eines Bestandes / des Archivs digitalisiert werden (können), alle vorhandenen Inhalte möglichst erfaßt werden, um der Forschung zumindest anhand von Bestandslisten einen Überblick zu ermöglichen – es ist äußerst fraglich, ob die rund 1200 Schallplatten im Nachlaß von Ernst Jandl digitalisiert werden sollen (ganz abgesehen davon, daß Vinylplatten nicht sehr gefährdet sind), aber auch ohne Digitalisierung muß die Sammlung erhalten bleiben, da sonst wichtige Informationen über die Hörgewohnheiten und das Verständnis für musikhistorische und -kulturelle Zusammenhänge verloren gingen, die angesichts der Vielschichtigkeit und des Umfangs nicht als nebensächliches Detail in der Biographie abgetan werden können.

Tonaufnahmen oder um Aufnahmen aus dem Fernsehen handelt
– großen Erkenntniswert in bezug auf Werk und Biographie sowie
Einzelaspekte der Kultur- und Sozialgeschichte haben können.

Ernst Jandl und neue Quellen der Inspiration

Daß Ernst Jandl (1925–2000), wie beispielsweise auch Erich Fried
(1921–1988), ein notorischer Sammler war, wird spätestens nach
einem Blick in die Depoträume des ÖLA deutlich. Neben mehr als ein-
hundert Kartons mit Werken, Korrespondenzen, Lebensdokumenten
und Sammlungen erwarb das Archiv mehrere Tausend Bücher sowie
die komplette Audio-Sammlung, bestehend aus rund 1200 Lang-
spielplatten (LPs), 100 Singles, 700 Audio-CDs, 300 Audiokassetten
und 61 Tonbändern, wobei Hörspielproduktionen, Aufnahmen mit
Musikbegleitung, Lesungsmitschnitte sowie Hörbeispiele des Autors
auf CDs oder LPs, Tonbändern oder Audiokassetten, die in der Regel
einen unmittelbaren Werkzusammenhang aufweisen, gemessen an
der gesamten Sammlung einen verhältnismäßig kleinen Anteil aus-
machen. Jandls Leidenschaft für Jazzmusik, die sich unter anderem
in den Gemeinschaftsproduktionen mit Dieter Glawischnig nieder-
schlug, ist hinlänglich bekannt, und auch sein Interesse für den
»Crossover« aus volkstümlicher Musik und Hip Hop der oberösterrei-
chischen Gruppe Attwenger und die daraus in die »stanzen« (Luchterhand 1992) eingeflossene Inspiration wurde bereits beleuchtet.[20]
Jedoch zeigt ein genauerer Blick in die imposante Schallplatten- und
CD-Sammlung interessante (weniger bekannte) Aspekte der Hörgewohnheiten des Autors und erweitert die Vorstellung vom genialen
Performer, der seine rhythmischen Inspirationen bloß aus dem Jazz
schöpfte (vgl. Abb. 12).

Die folgenden Ausführungen verstehen sich nicht als Versuch,
Jandls Lyrik anhand konkreter Bezüge zwischen Musik und Text
einer neuen Lesart zu unterziehen. Vielmehr soll eine nähere Be-

20   Volker Kaukoreit: »a oat inspiration«. Mutmaßungen über Jandl & Attwenger, Jandl & die
goas. In: Ernst Jandl. Musik Rhythmus Radikale Dichtung. Hg. von Bernhard Fetz. Wien:
Zsolnay 2005 (= Profile. Magazin des Österreichischen Literaturarchivs 12), S. 180–190.

Abb. 12: Ausschnitt aus der ›Musiksammlung‹ von Ernst Jandl im Depot des ÖLA
(Foto: Martin Wedl)

trachtung der beeindruckend umfangreichen und vielschichtigen Sammlung die Vorstellung vom auf den Jazz konzentrierten Musikrezipienten Jandl um wichtige Facetten erweitern und durch die Andeutung von musikgeschichtlichen und populärkulturellen Zusammenhängen seine profunden Kenntnisse von wesentlichen Teilen der neueren Geschichte der »U-Musik«[21] belegen. Eine Analyse der konkreten Auswirkungen – nicht nur des Jazz! – auf Jandls Rhythmik, auf seine Auftritte etc. kann hier nicht geleistet werden, wäre in naher Zukunft aber wünschenswert. In diesem Sinne ist zu hoffen, daß das fallweise ›Name Dropping‹ nicht ermüdet, sondern zu einer wissenschaftlichen Auseinandersetzung mit dem Autor im Spannungsfeld von experimenteller Lyrik und populärkultureller Mythographie reizt.

21   Unter »U-Musik« werden sämtliche Formen von Unterhaltungsmusik subsumiert, während »E-Musik« ein Synonym für die ernste (›klassische‹) Musik ist.

91

Zweifellos stellen die Jazz-LPs den Kern des Bestandes dar. Neben einer repräsentativen Sammlung sämtlicher kanonisierter Größen wie etwa Cannonball Adderley, Sidney Bechet, Miles Davis, Duke Ellington, Benny Goodman, Lionel Hampton, Billie Holiday, Thelonious Monk, Charlie Parker, Sonny Rollins und vielen mehr, deren Platten oft in den Originalpressungen vorhanden sind,[22] hörte Jandl auch einige der wichtigsten Vertreter des Free Jazz, einer Weiterentwicklung des Jazz seit den frühen 1960er Jahren, die, getragen von Albert Ayler, Ornette Coleman, John Coltrane und ihren teils langjährigen kongenialen Begleitmusikern, eine radikale Abkehr von tradierten Improvisationsformen hin zur freien, atonalen, auch in ihren Rhythmen ungezügelten Improvisation darstellte. So finden sich von Albert Ayler die Alben »Ghosts« (Debut 1964), »Bells« (ESP 1965), der legendäre Konzertmitschnitt »Albert Ayler in Greenwich Village« (Impulse! 1966) sowie »Love Cry« (Impulse! 1967), Ornette Colemans der Musikrichtung ihren Namen stiftendes und den Weg weisendes Album »Free Jazz« (Atlantic 1960) sowie wesentliche Teile des ›Spätwerks‹ von John Coltrane, dessen Beginn mit »A Love Supreme« (Impulse! 1964) angesetzt wird – Jandl besaß die Originalpressungen von »Kulu Sé Mama« (Impulse! 1965), »Ascension« (Impulse! 1965), »New Thing At Newport« (Impulse! 1965), »Om« (Impulse! 1965) und »Meditations« (Impulse! 1965). Es darf nicht als Zufall oder Laune angesehen werden, daß sich der Schriftsteller mit dieser Form des Jazz intensiv auseinandersetzte, zumal die Explosivität der freien Improvisation, wie sie gerade in den vorliegenden Aufnahmen von Albert Ayler und John Coltrane zu hören ist, seinem eigenen Verständnis von Dichtung und ihres Vortrags innewohnt und ihn zu jenem ›Popstar‹ machte, der die experimentelle Lyrik ab den 1960er Jahren im öffentlichen Bewußtsein verankerte.[23] Hier muß auch der New Yorker Avantgarde-Saxophonist John Zorn aus dem Umfeld der berühmten »Knitting Factory« erwähnt werden. Jandl besaß Zorns

---

22   Jandl besaß auch rund 70 Platten des italienischen Platten-Labels Giants of Jazz, das sehr repräsentative Kompilationen zu bekannten ›traditionellen‹ Jazz-MusikerInnen herausgibt.

23   In der Sammlung vorhanden ist auch Peter Brötzmanns (The Peter Brötzmann Octett) ungemein aggressives Album »Machine Gun« (BRÖ 2 1968) und »Balls« (FMP 1970).

radikale, die Geschichte der Populärmusik in ›5-Sekunden-Explosionen‹ zertrümmernden Improvisationen der Alben »Naked City« (Elektra / Nonesuch 1989) und »Grand Guignol« (Avant 1991) von Naked City, die einen ganz wesentlichen Kommentar zu Musik- und Medienphänomenen des ausgehenden 20. Jahrhunderts darstellen. Zorn vermischte darin traditionelle Spielarten des Jazz, der Unterhaltungsmusik der 1950er und 1960er Jahre sowie Klassiker der Filmmusik mit der damals noch sehr jungen Strömung des Grindcore, der schnellsten und extremsten Variante von Hardcore, der sich in den 1980er Jahren aus den Wurzeln des Punk weiterentwickelte, im Gegensatz zum zeitgleich populär werdenden Heavy Metal aber von Beginn an sehr großen Wert auf politische Inhalte legte. Eine der einflußreichsten Grindcore-Bands war Napalm Death, die John Zorn auch als Inspiration für sein Projekt bezeichnete. Jandls Interesse für diese doch sehr extreme Form von Musik ist angesichts seines vorgerückten Alters bemerkenswert.

Auch die Grundpfeiler der Rock- und Popmusik, die in den 1960er Jahren errichtet wurden und heute noch beträchtliche Teile der U-Musik tragen, sind in Jandls Plattensammlung vertreten; einschränkend muß bemerkt werden, daß diese Art von Musik zumindest in bezug auf ihre Repräsentation innerhalb der Sammlung eine weniger stark ausgeprägte Leidenschaft gewesen sein dürfte. Die Beatles-Alben »Revolver« (Capitol 1966) und »Sgt. Pepper's Lonely Hearts Club Band« (Capitol 1967) stehen neben »Aftermath« (ABKCO 1966), dem ersten regulären Album der Rolling Stones und ihrem »Exile on Main St.« (Rolling Stones 1972), »Muswell Hillibillies« von The Kinks (RCA 1971) neben Bob Dylans Soundtrack »Pat Garrett & Billy the Kid« (Columbia 1973), »Blood On the Tracks« (Columbia 1974) und der Compilation »Greatest Hits« (Columbia 1966), »The Dark Side Of the Moon« von Pink Floyd (Capitol 1973) neben Captain Beefhearts »Trout Mask Replica« (Reprise 1969), Led Zeppelins »II« (Atlantic 1969), »Uncle Meat« von den Mothers of Invention (Rykodisc 1969) neben den psychedelischen Urvätern des Grunge, MC5 »Kick Out the Jams« (Elektra 1969). Unter den CDs stößt man auf Nirvanas legendäres Album »Nevermind« (DGC 1991), die MTV-taugliche Fortsetzung von MC5 und ähnlichen sinnresistenten Repräsentanten der ausgehenden 1960er Jahre wie den Stooges (mit Songtiteln wie

»I Wanna Be Your Dog« oder »No Fun«). »Nevermind« revolutionierte das Musikgeschäft, indem es der Plattenindustrie einen bis dahin weißen Fleck in der Musiklandschaft erschloß: Die zusehends antriebslos gewordene weiße Mittelschicht, die dem amerikanischen Schriftsteller und kritischen Beobachter der Populärkultur Douglas Coupland den Namen »Generation X« verdankt, erhielt durch Kurt Cobains sich überschlagendes »Entertain Us« im Song »Smells Like Teen Spirit«[24] endlich ein taugliches Leitmotiv.

Ebenfalls spiegelt sich die zu Beginn der 1990er Jahre mit einiger Verspätung auch in Europa einsetzende Rezeption von Hip Hop in Jandls CD-Sammlung wider.[25] Nachdem die enorme Popularität von Jazz seit den 1920er Jahren mit dem Aufkommen des Rock n' Roll in den 1950er Jahren langsam verdrängt worden war, hob nun eine neue Form der »schwarzen Musik« der AfroamerikanerInnen zu einem erstaunlichen, bis heute andauernden Höhenflug an. Auch hier erwies sich Jandl nicht als leidenschaftlicher, aber doch sehr interessierter, sehr gezielt sammelnder Audiophiler. Gerade die in der Frühzeit, also in den 1980er Jahren, starke Reduktion des Hip Hop auf Beats und rhythmisierte, im sogenannten »Ghetto Slang« gerappte Sprache,[26] muß Jandl fasziniert haben. Zwar fehlen Alben der so wichtigen, weil politisch äußerst brisanten und vielleicht etwas weniger misogynen Public Enemy, aber mit Ice-T, Ice Cube und N.W.A. (Niggaz With Attitude) sind ganz wesentliche Proponenten des immer populärer werdenden Gangster Rap vertreten. »Edutainment« (Jive 1990) von den mit sehr hohem politischem Anspruch auftretenden Boogie Down Productions könnte hier als Bindeglied zur interessanterweise nicht weiter gesammelten politischen Spielart des Hip Hop gezählt werden. Die teils misogynen, gewaltverherrlichenden Lyrics

---

24 »Smells Like Teen Spirit« war der erste wirklich ›harte‹ Song, der die Charts der westlichen Welt stürmte und selbst im verschlafenen Österreich im staatlichen Rundfunk zu ›Bürozeiten‹ gespielt wurde – allerdings wurde vor dem Gitarrensolo immer ausgeblendet.

25 Spätestens zu Beginn der 1990er Jahre hatte die CD den Durchbruch geschafft, was sich auch in Jandls Sammlung zeigt, die ab diesem Zeitpunkt hauptsächlich um CDs erweitert wurde.

26 Die bald folgenden, viel verspielteren Ausformungen, die mit dem Aufkommen des »Samplings« einhergingen und in den ersten beiden Alben von De La Soul ihre erste geniale Verwirklichung gefunden haben, finden sich bei Jandl nicht.

der erwähnten Gruppen wird Jandl vermutlich weniger goutiert haben. Aber der radikale Einsatz von Sprache zur Verbreitung mehr oder minder politischer, zumindest aber sozialkritischer oder sozialrealistischer Inhalte, mußte ihn reizen – interessanterweise ist Hip Hop, nebenbei gesagt, sowohl ein populärkulturelles Phänomen wie auch ein florierender Geschäftszweig geworden.

Es wurde bereits darauf hingewiesen, daß die neueren Spielarten der Pop-Musik zwar prominent, aber nur rudimentär vertreten sind. Im Gegensatz dazu lassen die LPs (und CDs) mit Jazz und E-Musik einen kontinuierlichen Sammelprozeß seit den 1950er Jahren erkennen. Das legt die Vermutung nahe, daß Jandl zwar ungemein offen für andere Musikrichtungen war, sich aber eher von einzelnen, ›aufsehenerregenden‹ Vertretern punktuell inspirieren ließ und nicht weiter sammelte. Was nun Hip Hop betrifft, verwundert sein Interesse ausgerechnet für die ›Rüpel‹ der Szene, da es schon damals viele Acts gab, die großen Wert auf eine ausgewogene Balance von Inhalten und Stil legten. Das »Rhyming« spielte bei De La Soul, Public Enemy oder den Disposable Heroes of Hiphoprisy eine ganz wesentliche Rolle. Themen, Sprache und Rhythmus wurden in sehr kunstvoller, manchmal beinahe literarischer Weise miteinander verwoben und ließen einen ungemein intellektuellen, künstlerisch-verspielten Zugang zu gesellschaftspolitischen Themen erkennen.

Nicht unterschlagen werden sollen die vielen LPs und CDs, die einen repräsentativen Querschnitt durch die Geschichte der E-Musik darstellen. Eine Vorliebe für eine bestimmte Epoche läßt sich daraus nicht ablesen, ab dem Mittelalter sind sämtliche Stilrichtungen vertreten: Eine Aufzählung einzelner KomponistInnen erscheint nicht sinnvoll, Jandl sammelte, statistisch sehr ausgewogen, bis herauf ins ausgehende 20. Jahrhundert.

Hätte das ÖLA seinerzeit auf eine Übernahme der Musiksammlung verzichtet, man könnte heute nur Mutmaßungen über Jandls Hörverhalten anstellen, neuere Erkenntnisse als die schon bekannte Liebe zum Jazz wären schwer denkbar. So aber erhält man ein wesentlich differenzierteres Bild, das vielleicht zu neuen Untersuchungen aus geänderten Perspektiven anregt. Jandls Liebe zur Musik dokumentiert nicht allein die große Zahl an Tonträgern, sondern auch der intensive Umgang mit ihnen. Anders als heute, wo durch

das Aufkommen von mp3-Files die Ästhetik von Schallplatten und
(in schon reduzierter bzw. neu definierter Form) von CDs einer Ge-
brauchsphilosophie zum Opfer fällt und aufgrund der schnellen,
kostenlosen Verfügbarkeit über Internet eine gewisse Beliebigkeit
einsetzt, sammelte Jandl Schallplatten und CDs, die weitaus mehr
als nur Tonträger für ihn waren. Einige LPs mit Widmungen von
Friederike Mayröcker an Jandl und umgekehrt von Jandl an Mayröcker lassen den spielerischen Umgang mit dem Medium erahnen,
man schenkte einander Musik, dokumentierte dies wie bei handschriftlichen Widmungen in Büchern, vollzog somit eine unauflös-
bare Verbindung zwischen der gewidmeten Platte und den darauf
festgehaltenen Ereignissen, Wünschen etc.[27] Die Informiertheit und
Offenheit Jandls belegt zum Beispiel eine in das Cover von Tom
Waits' Album »Swordfishtrombones« (Island 1983) eingelegte Rezension von Wolfgang Kos.[28] Manche seiner CDs wiederum versah Jandl
mit dem Kaufdatum – beispielsweise die ersten beiden Alben von
Attwenger: »most« (Trikont-Schallplatten ›Unsere Stimme‹ 1991, mit
dem Kaufdatum »20.3.91«) sowie »pflug« (Trikont-Schallplatten ›Unsere Stimme‹ 1992, mit dem Kaufdatum »9.4.92«), wodurch ForscherInnen immerhin das Glück einer genauen Datierung des Erwerbs
haben. Es gibt also eine Vielzahl von Argumenten, die gegen ein vor-
schnelles Ablehnen einer Übernahme von AV-Medien sprechen, da
der Wissenschaft wichtige Informationen verloren gehen könnten,
die auf den ersten Blick nicht wahrnehmbar sind.

**Heimrad Bäcker und die wirkungslose Abbildung der
Geschichte**

Ein anderer Bestand an AV-Medien, der in das ÖLA gelangt ist, hat
einen thematisch wesentlich engeren Bezug zum Werk des Autors.

---

27 Ernst Jandl an Friederike Mayröcker am 31. März 1970. Auf dem Cover von: The Flock
(CBS 1969). Friederike Mayröcker an Ernst Jandl am 23.–24. Dezember 1977. Auf dem
Cover von: Charlie Parker »Bird / The Savoy Recordings (Master Takes)« [Savoy 1976].
28 Wolfgang Kos: Übelriechendes Instrument, lärmender Fisch. »Swordfishtrombone« [sic!]
von Tom Waits – eines der bedeutendsten Alben der Pop-Produktion. In: Die Zeit, 5./6.
November 1983.

Gemeint ist die Sammlung von VHS-Video- und Audiokassetten des Linzer Autors Heimrad Bäcker (1925–2003). Bäcker, der sich später in ungemein offener Weise mit seiner nationalsozialistischen Vergangenheit auseinandersetzte und von seiner jugendlichen ›Naivität‹ distanzierte, arbeitete von 1941 bis 1943 als Volontär bei der Linzer Tages-Post[29] und war bei Kriegsende Gefolgschaftsführer in der HJ (Parteimitglied seit dem 18. Lebensjahr). Bei Kriegsende erkannte er seinen Irrtum und setzte sich in weiterer Folge quälend intensiv mit dem Holocaust auseinander. Dabei richtete Bäcker sein Augenmerk besonders auf die sprachlichen Mechanismen, derer sich der Vernichtungsapparat zur Verschleierung und Bagatellisierung des Massenmordes bediente. Angesichts eines mit zunehmender zeitlicher Distanz immer größer werdenden Unverständnisses gegenüber Bildern von Güterwaggons und Leichenbergen, die bei den BetrachterInnen keine emotionale Reaktion mehr auslösen können, weil der Unglaube eine unüberwindliche Mauer aufbaut, versuchte Bäcker durch eine minutiöse Analyse der Sprache des Regimes diese Wand zu durchbrechen. Ab 1968 gab er zusammen mit seiner Frau Margret die Literaturzeitschrift »neue texte« heraus, die zu einem wichtigen Forum für die literarische Avantgarde wurde. Zu dieser Zeit setzte auch die Arbeit an seinem Lebenswerk »nachschrift« (Droschl 1986) und »nachschrift 2« (Droschl 1997) ein. Mit dem Instrumentarium der Konkreten Poesie montierte er Originalzitate aus Protokollen, Himmlers Geheimreden, amtlichen Dokumenten, Zeitungsmeldungen, Tagebüchern etc. aus der Zeit des »Tausendjährigen Reiches«. Bäcker hat also keinen eigenen Text verfaßt, sondern Texte der Zeit zu einem Metatext des Rassenwahns und der Massenvernichtung gegossen, der in seiner Infamie und Menschenverachtung beispiellos ist. Die Quellen stammen aus seiner aus einigen hundert Bänden bestehenden Bibliothek, die das ÖLA mitsamt dem Vorlaß übernommen hat.

Die vier Audio- und 25 Videokassetten der ›Mediathek‹ Heimrad Bäckers beinhalten insgesamt nur zwei Beiträge, die als Werke zu

---

29 Vgl. dazu Heimrad Bäcker: nachschrift. Verbesserte u. korr. Neuaufl. Graz: Droschl 1993 (= edition neue texte), Anm. 97, S. 137: »Von […] gefährlicher, imbeziler Verehrungswut: *Wir haben den Führer gesehen*, Buchbesprechung von Heimrad B. […].«

Martin Wedl

betrachten sind: einen mehrminütigen Kommentar des Autors zur »nachschrift« sowie jenes rund 45-minütige Streitgespräch mit seiner Frau Margret, aus dem sich ein Ausschnitt auf der dem vorliegenden Band beigelegten CD befindet. Sonst handelt es sich bei den Dokumenten durchwegs um Aufnahmen aus Rundfunk und Fernsehen. Diese Aufnahmen lassen sich unterteilen in Dokumente mit ausgesprochen zeitgeschichtlichen Inhalten und solche mit Bezug zu Kunst und Film. Gerade die Dokumente der Ordnungsgruppe »4.2 Filme, Dokumentationen und Features mit zeitgeschichtlichem Bezug«[30] sind mit den beiden Bänden der »nachschrift« thematisch – aber nicht ästhetisch! – eng verknüpft, sind in ihrer Zusammenstellung und Überschneidung von Sendungen und Themen, in ihrer fallweisen Bruchstückhaftigkeit beinahe eine ›Visualisierung‹ des Werks. Neunzehn Fernsehproduktionen und eine Rundfunkproduktion sind zur Gänze erhalten, also mit Vor- und Nachspann aufgenommen. Mindestens noch einmal so viele Sendungen sind nur in Fragmenten vorhanden oder werden von anderen Beiträgen überlagert. Dabei ist bemerkenswert, wie schlecht die Bildqualität der Aufnahmen zum Teil ist. Wenn man Bäckers Methode der Kompilation, der über Jahrzehnte intensivst geführten Recherche, des Aufgreifens und wieder Verwerfens bedenkt, liegt der Schluß nahe, daß er die Videokassetten wohl immer wieder verwendet hat, die Trägerschichten der Bänder also inzwischen Palimpsesten gleichen. Darauf lassen auch die Durchstreichungen und Überschreibungen auf einigen Etiketten schließen.

Auch wenn die vollständig erhaltenen Aufnahmen Spielfilme[31] oder Dokumentationen über KünstlerInnen sind und somit keinen unmittelbaren Werkzusammenhang erkennen lassen mögen, so ist doch eine gewisse Sensibilität für bestimmte Themen zu beobachten, die eine zufällige Auswahl oder ein zufälliges ›Überleben‹ gerade dieser Sendungen ausschließen läßt. Interessanterweise gibt es zwi-

30 Vgl. die Ordnungssystematik zu Heimrad Bäcker auf der Homepage des ÖLA unter http://www.onb.ac.at/sammlungen/litarchiv/index.htm – Link »Bestände« (Stand 18. Juni 2006).
31 »Dead Man Walking« von Tim Robbins (1995), »Short Cuts« von Robert Altman (1993) oder »Annie Hall« von Woody Allen (1977) bzw. Dokumentationen über Pier Paolo Pasolini, Paul Cézanne und eine Sendung zum 70. Geburtstag von Ernst Jandl. »Siegfrieds Tod« von Fritz Lang (1924) ist der einzige gekaufte Spielfilm.

98

schen den beiden erwähnten Gruppen kaum physische ›Berührungspunkte‹, mit wenigen Ausnahmen hat Bäcker die zeitgeschichtlichen
Themen sorgfältig von den ›schönen Künsten‹ getrennt.

Deutlich erkennbar ist ein Überhang von Filmmaterial zum Holocaust gegenüber Tonaufnahmen. Den 19 Beiträgen auf Videokassetten steht, wie oben angedeutet, lediglich ein aus dem Rundfunk auf-
genommenes Feature über ExilantInnen in London gegenüber. Die
Sammlung ist somit gewissermaßen ein Spiegel der realen Verhältnisse in der öffentlichen Wahrnehmung und der medialen Aufberei-
tung des Themas. Die beträchtliche Zahl von Fernsehproduktionen
dazu, die in den letzten 10 bis 15 Jahren erschienen ist – erinnert sei
hier nur an die Dokumentationsreihen von Guido Knopp, die auch in
der Sammlung mit fünf Beiträgen dominant vertreten sind –, hat gezeigt, daß wieder verstärkt auf die Überzeugungskraft der (bewegten)
Bilder vertraut wird. Bäcker hat auf Bildmaterial verzichtet, die
Texte erreichen durch seine Methoden ein Maß an Abstraktion, das
zu einer tiefergehenden Auseinandersetzung jenseits der bildhaften
Vorstellungen zwingt. So verwundert es nicht, daß die »nachschrift«,
deren erster Band 1993 noch eine verbesserte Neuauflage erlebte,
nur in Fachkreisen bekannt und geschätzt ist. Als literarisch-zeit-
geschichtliches Dokument wird sie von einer Öffentlichkeit, für die
der Holocaust eine Abfolge von grobkörnigen Schwarzweiß-Bildern
ist, kaum (mehr) wahrgenommen. Die zeitgeschichtlichen Beiträge
auf den Videokassetten scheinen in einem Spannungsfeld von Wi-
dersprüchen gefangen: einerseits erfüllen sie ihren Zweck als ergän-
zendes Quellenmaterial, andererseits transportieren sie die Inhalte
über Bilder, womit sie in klarer Opposition zu Bäckers eigenen In-
tentionen stehen. Die Bedeutung der Sammlung erschließt sich also
erst durch die Kenntnis von Persönlichkeit und Werk des Autors.

Am Puls der Literatur – eine Chronik
Ein Rückblick auf (sieb)zehn Jahre Österreichisches Literaturarchiv

INGRID SCHRAMM

Bereits nach 10 Jahren seines Vollbetriebs genießt das Österreichische Literaturarchiv (ÖLA) der Österreichischen Nationalbibliothek (ÖNB) den Ruf, neben dem Deutschen Literaturarchiv (Marbach) und dem Schweizerischen Literaturarchiv (Bern) zu den bedeutendsten Literaturinstitutionen im deutschsprachigen Raum zu zählen. In dieser kurzen Zeit ist es gelungen, einen wertvollen Bestand an Nach- und Vorlässen aufzubauen und das Archiv als lebendige Stätte kultur- und literaturwissenschaftlicher Forschung zu gestalten.

Schon in der Aufbauphase, die bis in das offizielle Gründungsjahr 1989 zurückreicht, als das Archiv an der ÖNB noch provisorisch verwaltet wurde, konnten einige bedeutende Nachlässe erworben und nach der Adaptierung der Räume in der Hofburg unter der Michaelerkuppel 1992/93 etappenweise dem Literaturarchiv übergeben werden. Hierzu gehören beispielsweise die Bestände von Erich Fried, Albert Drach, Peter Hammerschlag, Ödon von Horváth, Theodor Kramer, Ernst Schönwiese, Manès Sperber, Hilde Spiel, Dorothea Zeemann und Herbert Zand.

Als im Januar 1996 Univ.-Prof. Dr. Wendelin Schmidt-Dengler die Leitung des Literaturarchivs übernahm, wurde die Grundlage für eine enge Verbindung von Archivarbeit und Forschung geschaffen. Dank einer gezielten Erwerbungspolitik wuchs die Zahl der Bestände rasch an. Heute bilden den Kernbestand vor allem Nachlässe, Sammlungen sowie zunehmend Vorlässe, die das literarische Leben der Zeit seit dem Zweiten Weltkrieg spiegeln. Ein weiterer Schwerpunkt hat sich im Bereich der Exil-Literatur herausgebildet, zu dem neben den bereits genannten AutorInnen Drach, Fried, Kramer, Sperber und Spiel auch die Bestände von Josef Burg, Joseph Kalmer, Leo Katz und Alfred W. Kneucker, um nur einige anzuführen, zählen.

Vielschichtige Forschungsansätze ergeben sich schon allein durch die unterschiedlichen Tätigkeiten vieler BestandsbildnerInnen. Starke Impulse setzten vor allem jene, die auch als Herausgeber von Literaturzeitschriften fungierten: z. B. Otto Basil als Gründer der Zeitschrift »Plan«, Hermann Hakel als Leiter der Zeitschrift »Lynkeus, Gustav Ernst, Josef Haslinger und Peter Henisch als Redaktionskollektiv des »Wespennest« und Ernst Schönwiese als langjähriger Programmdirektor für Literatur, Hörspiel und Wissenschaft beim Österreichischen Rundfunk sowie als Herausgeber der Literaturzeitschrift »das silberboot«. Viele von ihnen spielten auch im ›institutionellen‹ Literaturbetrieb, etwa im Österreichischen P.E.N.-Club, in der Grazer Autorenversammlung oder in der Österreichischen Gesellschaft für Literatur eine bedeutende Rolle wie beispielsweise Ernst Schönwiese, György Sebestyén und Hilde Spiel, Heimrad Bäcker und Ernst Jandl sowie Wolfgang Kraus.

Die Vielfalt des Materials, das von Werkmanuskripten, über Korrespondenzen und Lebensdokumenten bis hin zu Dokumentationen von Zeitungsausschnittsammlungen und AV-Materialien reicht, ermöglicht tiefe Einblicke in das kulturelle Leben des 20. Jahrhunderts. So finden sich am ÖLA neben Dokumenten zur Geschichte der (linken) Intellektuellen und Philosophen wie z. B. in den Nachlässen von Günther Anders und Ernst Fischer auch Materialien von AutorInnen mit austrofaschistischem und / oder nationalsozialistischem Hintergrund (z. B. Hans Brecka, Richard Libiger, Hans Sassmann, Karl Hans Strobl).

Seit Jahren bemüht sich das Literaturarchiv auch um die Bestände der »Wiener Gruppe«, wobei der Vorlaß von Oswald Wiener und Sammlungen zu Konrad Bayer erworben wurden. Mit dem Nachlaß von Axel Corti steht der Öffentlichkeit das reichhaltige Material seiner Literaturverfilmungen zur Verfügung, der zudem einen interessanten Ausschnitt der Film- und Fernsehgeschichte des Landes dokumentiert. Zu bedeutenden Beständen institutioneller Provenienz gehören etwa die umfangreichen Archive des Literaturverlags Droschl, des Paul Zsolnay Verlags und des Milena Verlags sowie der Zeitschriften »Literatur und Kritik«, »protokolle« und »edition neue texte«.

Außerdem hat das ÖLA eine Fülle von kleineren Sammlungen und wertvollen Einzelautographen erworben, darunter so klingende Namen wie Heimito von Doderer, Peter Handke, Friederike Mayröcker und Alfred Kubin. Die Bedeutung des ÖLA als Institution für die Bewahrung und wissenschaftliche Auswertung österreichischen Literatur- und Kulturguts bewegt nun auch immer mehr zeitgenössische AutorInnen dazu, ihre Vorlässe bzw. Teile davon dem Archiv anzuvertrauen, darunter nicht nur die schon angesprochenen Schriftsteller Ernst, Haslinger und Henisch, sondern etwa auch Gert Jonke, Robert Menasse, Andreas Okopenko, Gerhard Roth, Michael Scharang, Robert Schindel, Ferdinand Schmatz, Margit Schreiner und Julian Schutting.

Einen vollständigen Überblick über die Bestände des ÖLA bietet das Internet: www.onb.ac.at/sammlungen/litarchiv/bestand/lit_bestand_frs.htm

Neben dem fortlaufenden Erwerb und der Erschließung von Materialien erfüllt das Literaturarchiv zahlreiche andere Aufgaben: Regelmäßig tritt es mit Publikationen (u. a. der Buchreihe »Profile« und dem Fachperiodikum »Sichtungen«), Ausstellungen im In- und Ausland sowie Tagungen hervor. Mit den »Archiv-Gesprächen« lädt das ÖLA zweimal jährlich zu einer stets mit prominenten TeilnehmerInnen besetzten Podiumsdiskussion zu literarischen, literaturtheoretischen und archivarischen Fragen ein. Besonders hervorzuheben ist das Seminar »Übungen an Originalen«, eine Lehrveranstaltung des Instituts für Germanistik der Universität Wien, die von einzelnen wissenschaftlichen Mitarbeitern des Archivs in den Räumen des ÖLA geleitet wird. Wie attraktiv diese Verbindung von Wissenschaft und Archiv ist, zeigt die stetig steigende Nachfrage von HochschülerInnen nach Praktika und Mitarbeit an Nachlaßbearbeitungsprojekten, aus denen in vielen Fällen Diplomarbeiten und Dissertationen hervorgehen.

Darüber hinaus schaffen die MitarbeiterInnen Grundlagen für Editionen bzw. betreuen selbst Forschungsprojekte (vgl. dazu den Beitrag von Klaus Kastberger im vorliegenden Band) und beteiligen sich an nationalen und internationalen Kooperationen (vgl. dazu den Beitrag von Volker Kaukoreit sowie den bibliographischen und dokumentarischen Anhang im vorliegenden Band). Mit diesen vielfältigen Tätigkeiten sorgt das ÖLA für einen sehr regen literatur- und kulturwissenschaftlichen Diskurs.

Chronik

Die nachstehenden Angaben präsentieren eine Auswahl wichtiger Ereignisse rund um das Österreichische Literaturarchiv. Die nicht näher kommentierte Nennung von Veranstaltungen verweist auf die aktive Teilnahme von ÖLA-MitarbeiterInnen an Arbeitstreffen, Symposien etc. Den einzelnen Jahren sind jeweils zentrale Erwerbungen des ÖLA im betreffenden Zeitraum nachgestellt.

1989	2. 4. Gründung des Österreichischen Literaturarchivs (ÖLA) mit Erlaß des Bundesministeriums für Wissenschaft und Forschung als Sondersammlung der Österreichischen Nationalbibliothek (ÖNB). Zu den Hauptaufgaben der Abteilung zählen die Erwerbung, Erschließung und Aufbewahrung von literarischen Nachlässen bedeutender österreichischer SchriftstellerInnen, schwerpunktmäßig ab der zweiten Hälfte des 20. Jahrhunderts. Die Verwaltungsagenden des ÖLA, das bis 31. 12. 1995 der Generaldirektion der ÖNB unterstand, wurden vorübergehend von der Handschriften-, Autographen- und Nachlaß-Sammlung wahrgenommen. Erwerbungen: Nachlässe von Manès Sperber, Herbert Zand u. a.
1990	Erwerbungen: Nachlaß und Nachlaßbibliothek von Erich Fried, Teilnachlaß von Ödön von Horváth, Redaktionsarchiv von »Literatur und Kritik« u. a.
1991	Erwerbungen: Sammlung Theodor Kramer, Nachlaß und Nachlaßbibliothek von Hilde Spiel u. a.
1992	Renovierung und Adaptierung der Räume unter der Michaelerkuppel (ehemalige Theatersammlung der ÖNB) und teilweise Übersiedlung der literarischen Nachlässe aus der Handschriften-, Autographen- und Nachlaß-Sammlung ins Depot des ÖLA. Aufnahme der Archivarbeit durch Vergabe eines Forschungsauftrags zur Bearbeitung des Nachlasses von Erich Fried an Dr. Volker Kaukoreit.

1993	1. 4. Aufnahme von Dr. Ingrid Schramm als wissenschaftliche Mitarbeiterin. 23. 9.–15. 11. Ausstellung und gleichnamiger Katalog »Einblicke – Durchblicke. Fundstücke und Werkstattberichte aus dem Nachlaß von Erich Fried« an der ÖNB (Gestaltung: Dr. Volker Kaukoreit, Dr. Ingrid Schramm). Erwerbungen: Splitternachlaß von Reinhard Priessnitz, Nachlaß von Ernst Schönwiese u. a.
1994	7. 7. Übernahme von Dr. Volker Kaukoreit von einem Forschungsauftrag in ein Vertragsverhältnis als wissenschaftlicher Mitarbeiter. Erwerbungen: Teilnachlaß von Peter Hammerschlag, Restnachlaß von Ödön von Horváth, Horváth-Theaterdokumentation aus dem Archiv des Thomas Sessler Verlags u. a.
1995	22. 1.–3. 3. Ausstellung von Linde Waber »Buchbilder 1973–1994 und ein Schreibgehäuse für Friederike Mayröcker« an der ÖNB. 16. 3.–27. 4. Ausstellung und gleichnamiger Katalog »Hilde Spiel – Briefwechsel« an der ÖNB (Gestaltung: Hans A. Neunzig, Dr. Ingrid Schramm). 16. 5. Albert Drach-Gedenkveranstaltung an der ÖNB. 20.–21. 9. »Nachlaßbearbeitertagung zu Regelwerk und Datenformat für die Katalogisierung von Nachlässen und Autographen« an der Niedersächsischen Staats- und Universitätsbibliothek Göttingen. 11.–16. 10. Beteiligung durch Leihgaben an der Ausstellung »Der sechste Sinn. Österreichische Literatur im 20. Jahrhundert« auf der Frankfurter Buchmesse. Erwerbungen: Nachlässe von Albert Drach und Dorothea Zeemann, Splitternachlaß von Jakob Wassermann u. a.
1996	1. 1. Bestellung von Univ.-Prof. Dr. Wendelin Schmidt-Dengler zum Leiter des ÖLA. Beginn der Einrichtung der Büroräume und der Lesesäle. 28. 2.–3. 3. Tagung der Arbeitsgemeinschaft für germanistische Edition zu »Quelle, Text, Edition« in Graz. 1. 3. Aufnahme von Werner Rotter als Bibliothekar. Beginn des eingeschränkten Lesesaalbetriebs. Beginn des Projekts »Nachlaß und Werkdokumentation zu Albert Drach« unter der Leitung von Univ.-Prof. Dr. Ingrid Cella und der Mitarbeit von Dr. Eva Schobel. 1. 5. Bestellung von Dr. Volker Kaukoreit zum stellvertretenden Leiter des ÖLA. 6. 5. »Erich Fried-Tag – zum 75. Geburtstag«: Schülerwettbewerb; Preisverleihung u. a. durch den Präsidenten des österreichischen Nationalrats Dr. Heinz Fischer und den Schriftsteller Josef Haslin-

ger; Videovorführungen und Präsentation des Bandes »Erich Fried. Ein Leben in Bildern und Geschichten«.

17. 5. Konstituierende Sitzung des EU-Projekts MALVINE (Manuscripts and Letters via Integrated Networks in Europe) in Berlin.

5.–7. 6. Internationales Symposium »Deutschsprachige Exillyrik 1933–1945« im Austrian Cultural Institute und Goethe Institute, London.

1. 9. Aufnahme von Dr. Bernhard Fetz und Dr. Klaus Kastberger als wissenschaftliche Mitarbeiter und Aufnahme von Ruth Hager als Office Managerin.

16.–21. 9. Konferenz an der St. Petersburger Universität: »Interkulturelle Erforschung der österreichischen Literatur (Wissenschaft, Informationssysteme, Auswahlbiobibliographie)«.

27. 9. Tagung der Wiener Handschriftensammlungen, verwandter Wiener Institutionen und des ÖLA an der ÖNB.

30. 9.–23. 10. Ausstellung und gleichnamiger Katalog »Die Hand des Autors – Dokumente und Autographen zu Leben und Werk Heimito von Doderers« an der ÖNB (Gestaltung: Univ.-Prof. Dr. Wendelin Schmidt-Dengler, Dr. Ingrid Schramm).

30. 10. Gründung der Internationalen Albert Drach-Gesellschaft und Bestellung von Univ.-Prof. Dr. Wendelin Schmidt-Dengler zum Präsidenten.

29. 11., 1. Arbeitstagung der österreichischen Literaturarchive (KOOP-LITERA) am ÖLA.

Erwerbungen: Nachlässe von René Altmann, Gunter Falk, Ernst Fischer und Joseph Kalmer, Teilvorlässe von Franz Josef Czernin, Ferdinand Schmatz u. a.

1997

1. 1. Aufnahme von Dr. Wilhelm Hemecker als wissenschaftlicher Mitarbeiter.

27.–28. 2., 2. Arbeitstagung der österreichischen Literaturarchive (KOOP-LITERA) an der Vorarlberger Landesbibliothek, Bregenz.

1. 3. Beginn des Projekts »Koordination der datenunterstützten Vernetzung österreichischer Literaturarchive« unter der Leitung von Univ.-Prof. Dr. Wendelin Schmidt-Dengler und der Mitarbeit von Mag. Andreas Brandtner (2000 nachfolgend Mag. Max Kaiser).

15. 3. Beginn des Projekts »Vergleichende Analysen zur literarischen Moderne in Österreich 1910–1930 und nach 1945« unter der Leitung von Dr. Bernhard Fetz und der Mitarbeit von Dr. Gisela Steinlechner.

12.–14. 3. »Theodor Kramer (1897–1997). A Symposium« im Austrian Cultural Institute und Institute of Germanic Studies, London.

14.–16. 3. Workshops in Zusammenarbeit mit »Literatur im März« im ÖLA (Konzeption: Dr. Bernhard Fetz).

1. 4. Beginn des Projekts »»Geliebte Heimita‹ – Edition des Briefwechsels zwischen Heimito von Doderer und Dorothea Zeemann« unter der Leitung von Dr. Klaus Kastberger und der Mitarbeit von Mag. Thomas Eder.

22.–26. 9. Konferenz in Innsbruck: »Europäische Literatur- und Sprachwissenschaften«.

26. 9.–16. 11. Ausstellung »Kringel, Schlingel, Borgia – Peter Hammerschlag 1902–1942« im Jüdischen Museum in Wien (Gestaltung: Dr. Volker Kaukoreit, Mag. Monika Kiegler-Griensteidl). Präsentation des ersten Bandes »Österreichisches Literaturarchiv – Forschung (ÖLA-Forschung)«: »Kringel, Schlingel, Borgia. Materialien zu Peter Hammerschlag«.

10. 10. Treffen der deutschsprachigen Literaturarchive in der Akademie der Künste in Berlin (Veranstalter: Kulturstiftung der Länder).

23. 10. Gründung der VÖB-Kommission für Nachlaßbearbeitung in Salzburg und Bestellung von Dr. Volker Kaukoreit zum Vorsitzenden.

24. 10. Symposium zu »Textgenese und Interpretation«, veranstaltet von der Stiftung-Salzburger-Literaturarchiv in Zusammenarbeit mit dem Institut für Germanistik der Universität Salzburg und dem Internationalen Trakl-Forum.

25. 10., 3. Arbeitstagung der österreichischen Literaturarchive (KOOP-LITERA) an der Universitätsbibliothek Salzburg (Gastgeber: Stiftung-Salzburger-Literaturarchiv).

November: Tagung veranstaltet vom Institut Memoires de l'édition contemporaine (IMEC), dem Deutschen Literaturarchiv Marbach (DLA) und dem Centre Georges Pompidou: »Archives et création / Archiv und literarische Produktion« in Marbach, Caen und Paris.

Erwerbungen: Nachlässe von Otto Basil, Fritz Habeck, Traugott Krischke, Anita Pichler, George Saiko und Wilhelm Szabo, Vorlässe von Peter Henisch und Wolfgang Kraus, Briefsammlungen von Theodor Kramer, Alfred Kubin u. a.

1998

20. 1. Sitzung der Arbeitsgruppe der Deutschen Forschungsgemeinschaft (DFG) zur Weiterentwicklung der »Regeln zur Erschließung von Nachlässen und Autographen« (RNA) an der Staats- und Universitätsbibliothek Göttingen.

22.–23. 1. HANS-Anwendertreffen an der Staats- und Universitätsbibliothek Hamburg.

31. 1.–20. 3. Ausstellung »Der literarische Einfall« in der Kunsthalle Wien im Museumsquartier (Gestaltung: Dr. Bernhard Fetz und Dr. Klaus Kastberger). Präsentation des ersten Bandes der Publikationsreihe »Profile – Magazin des Österreichischen Literaturarchivs«: »Der literarische Einfall«.

28. 3.–15. 5. Ausstellung »Der literarische Einfall« in der Vorarlberger Landesbibliothek in Bregenz.

18. 4. »13th Annual Austrian Symposium« der University of California in Riverside.

22.–23. 4., 4. Arbeitstagung der österreichischen Literaturarchive (KOOP-LITERA) am Forschungsinstitut Brenner-Archiv, Innsbruck.

13.–15.5. Arbeitsgespräch »Computergestützte Text-Edition« am Deutschen Literaturarchiv in Marbach am Neckar.

9. 6. Pressekonferenz »1000 Tage Österreichisches Literaturarchiv« und Präsentation des neu gegründeten ÖLA-Periodikums »Sichtungen. Archiv – Bibliothek – Literaturwissenschaft«.

30. 6.–1. 7. Präsentation des zweiten Bandes »ÖLA-Forschung«: »Andreas Okopenko. Texte und Materialien« im Rahmen des Andreas Okopenko-Colloquiums in der Alten Schmiede (Wien).

24. 7. Beginn des EU-Projekts MALVINE (Manuscripts and Letters Via Integrated Networks in Europe) unter der Leitung von Univ.-Prof. Dr. Wendelin Schmidt-Dengler und der Mitarbeit von Mag. Andreas Brandtner (bis September 2000) und Mag. Max Kaiser (ab Oktober 2000) – Starttreffen an der Staatsbibliothek zu Berlin – Preußischer Kulturbesitz (SBB) am 30.–31. 7.

7. 8. Einrichtung der allegro-HANS-Redaktion für die ÖNB unter der Leitung von Dr. Volker Kaukoreit.

15.–19. 9., 25. Österreichischer Bibliothekartag an der Niederösterreichischen Landesbibliothek St. Pölten: »Menschen in Bibliotheken« (Sektion »Forum Freier Themen«, Literaturarchive).

23.–27. 9. Jahrestagung der Rilke-Gesellschaft an der ÖNB, am Österreichischen Staatsarchiv und in der Österreichischen Gesellschaft für Literatur (ÖGfL), Wien.

24. 9.–29. 10. Ausstellung »»Haßzellen, stark im größten Liebeskreise«. Rilke und das k. u. k. Kriegsarchiv« im Österreichischen Staatsarchiv (Gestaltung: HR Dr. Rainer Egger und Dr. Wilhelm Hemecker). Präsentation des Bandes »Rilke in Wien«.

28.–29. 9. Symposium »The Library as a Cultural Institution« an der Herzog-August-Bibliothek in Wolfenbüttel.

1. 10.–10. 11. Vitrinenschau zum Projekt »Verlorene Nachbarschaft« im Foyer des ÖNB-Hauptlesesaals (Gestaltung: Werner Rotter).

Oktober 1999 Beginn der Lehrveranstaltung »Übungen an Originalen: Literarische Manuskripte aus dem 19. und 20. Jahrhundert«, die seither regelmäßig stattfindet.

16. 10. Symposium »Österreich-Ungarn gegen wen?« an der Österreichischen Botschaft in Budapest.

23. 10. Aufnahme von Martina Holzapfel als Office Managerin als Karenzvertretung von Ruth Hager.

18.–21. 11. Symposium »In Memoriam Erich Fried (1921–1998)« an der ÖNB.

23.–25. 11. »Fin de siècle. Symposium zur österreichischen Gegenwartsliteratur« in Budapest.

4. 12. Zweites Meeting des Project Coordination Committees von MALVINE in der ÖNB.

Erwerbungen: Nachlässe von Stefan Grossmann, Reinhard Priessnitz, György Sebestyén sowie Teilvorlässe von Gerhard Roth und Julian Schutting.

1999   10. 3. Präsentation des dritten Bandes »Profile«: »Hilde Spiel. Weltbürgerin der Literatur« im Zsolnay Verlag, Wien.

11.–12. 3. HANS-Anwendertreffen an der ÖNB.

6. 4. Aufnahme von Peter Seda als Office Manager.

13.–14. 4., 5. Arbeitstagung der österreichischen Literaturarchive (KOOP-LITERA) am Adalbert-Stifter-Institut des Landes Oberösterreich in Linz.

13. 4.–27. 5. Ausstellung »Der literarische Einfall« im Adalbert-Stifter-Institut des Landes Oberösterreich in Linz.

10.–12. 5. »Literaturarchive und Literaturmuseen der Zukunft«. Tagung an der Evangelischen Akademie Loccum.

25. 5. »Kritikergespräch. Grenzenlos? Zur Lage der deutschsprachigen Gegenwartsliteratur« an der ÖNB.

1. 6.–9. 7. Ausstellung »Der literarische Einfall« im Palais Attems in Graz.

10. 6.–17. 6. »Der intellektuelle Diskurs der Zweiten Republik. Literaturwissenschaftliches Symposium zu Gunter Falk und Ernst Fischer« im ÖLA.

1. 8. Beginn des Editions-Projekts »Charlatan und seine Zeit« aus dem Nachlaß von Manès Sperber unter der Leitung von Dr. Wilhelm Hemecker und Priv.-Doz. Dr. Mirjana Stancic.

1. 9. Aufnahme von Jamal Beerdawod als Magazineur.

16.–17. 9. REALE (Réseau européen d'archives littéraires et éditoriales), Tagung am IMEC, L'abbaye d'Ardenne (Caen).

12. 11.–10. 12. Ausstellung: »Der Schweizer Schriftsteller Hans Morgenthaler in Wien« im ÖLA.

Erwerbungen: Nachlaß Axel Corti, Nachlaß Robert Michel, Nachlaß Leopold Wilk, Vorlaß Ernst Jandl u. a.

2000   2. 1. Präsentation des vierten Bandes »ÖLA-Forschung«: »Ernst Fischer – Texte und Materialien« in der ÖGfL.

9. 2.–11. 3. Ausstellung »György Sebestyén – der donauländische Kentaur« im Prunksaal der ÖNB (Gestaltung: Dr. Ingrid Schramm, Anna Sebestyen).

15. 2. Vergabe des ersten George-Saiko-Reisestipendiums an Oswald Egger im ÖLA.

23.–24. 3. HANS-Anwendertreffen an der Deutschen Bibliothek, Leipzig.

12. 4. Präsentation des fünften Bandes »Profile«: »Schluß mit dem Abendland! Der lange Atem der österreichischen Avantgarde« in der

Buchhandlung Amadeus in der Wiener Mariahilferstraße.

13.–14. 4., 6. Arbeitstagung der österreichischen Literaturarchive (KOOP-LITERA) am Robert Musil-Institut für Literaturforschung / Kärntner Literaturarchiv in Klagenfurt.

4.–24. 5. Ausstellung »György Sebestyén – der donauländische Kentaur« im Kulturzentrum Eisenstadt.

1. 6. Beginn des Projekts »Konkrete Dichtung und Mimesis anhand des Werkes von Heimrad Bäcker« unter der Leitung von Dr. Klaus Kastberger und der Mitarbeit von Mag. Thomas Eder.

1. 8. Beginn des Projekts »Ödön von Horváths ›Geschichten aus dem Wiener Wald‹. Vorstudie einer historisch-kritischen Ausgabe« unter der Leitung von Dr. Klaus Kastberger und der Mitarbeit von Mag. Erwin Gartner.

13. 9. Präsentation des siebenten Bandes »ÖLA-Forschung«: »Von der ersten zur letzten Hand. Theorie und Praxis der literarischen Edition« in der Fachbibliothek des Instituts für Germanistik der Universität Wien.

14. 9. Präsentation des Bandes »Die österreichische Literatur seit 1945 – Eine Annäherung in Bildern« in der Fachbibliothek des Instituts für Germanistik der Universität Wien.

5. 10.–21. 1. 2001 Ausstellung »Der literarische Einfall« im Museum der Tschechischen Literatur in Prag.

November: Adaptierung des neuen Lesesaals.

6. 11. Präsentation des sechsten Bandes »ÖLA-Forschung«: »Reinschrift des Lebens. Friederike Mayröckers Reise durch die Nacht« an der ÖNB.

30. 11. »Zettelwerkgespräche« 1: »Die Archive des Schweigens« im Lesesaal des ÖLA.

4.–5. 12. »The Project MALVINE and the international conference ›Gateways to Europe's Cultural Heritage‹« an der SBB.

Erwerbungen: Nachlaß Johann Gunert, Vorlässe von Kurt Benesch, Francisco Tanzer, Verlagsarchiv »edition neue texte« u. a.

2001

Teilnahme des ÖLA am EU-Projekt LEAF (Linking and Exploring Authority Files).

6.–9. 3. Symposium: »Wissenschaft als Finsternis? Methoden und Ergebnisse der Thomas-Bernhard-Forschung« an der ÖNB.

7. 3.–16. 4. Ausstellung: »Thomas Bernhard und seine Lebensmenschen. Der Nachlaß« an der ÖNB.

27.–28. 3. HANS-Anwendertreffen an der SBB.

4. 4.–6. 4. Symposium: »Unendliche Dummheit – Dumme Unendlichkeit. Ödön von Horváth (1901–1938)« an der ÖNB.

20. 4. Präsentation des siebenten Bandes »Profile«: »Wien – Berlin« an der ÖNB.

10.–11. 5., 7. Arbeitstagung der österreichischen Literaturarchive (KOOP-LITERA) an der Karl-Franzens-Universität Graz (Veranstalter: Franz-Nabl-Institut für Literaturforschung).

16. 5. Tagung »Die EU-Projekte MALVINE und LEAF« an der ÖNB.
17.–19. 5. Tagung der Theodor Kramer Gesellschaft (u. a.) »Die Rezeption des Exils. Geschichte und Perspektiven der österreichischen Exilforschung« an der ÖNB.
11.–13. 6. Symposium: »Hermann Broch. Ein Autor aus Wien« in der ÖGfL, Wien.
12. 9. »Spiritual Alliance«. Konzert und Lesung anläßlich des 70. Geburtstags von Sofia Gubaidulina und des 80. Geburtstags von Francisco Tanzer an der ÖNB.
27.–28. 9. LEAF, Tagung am IMEC (L'abbaye d'Ardenne, Caen).
8. 11. Gedenkveranstaltung und Videoschau »Hilde Spiel und ihre literarische Weltfamilie« an der ÖNB.
5. 12.–17. 12. Ausstellung »Geborgte Leben. Ödön von Horváth und der Film« an der ÖNB (Gestaltung: Dr. Klaus Kastberger). Präsentation des achten Bandes »Profile«: »Ödön von Horváth: Unendliche Dummheit – dumme Unendlichkeit«.
Erwerbungen: Nachlässe von Max Hölzer, Leo Katz, Adolf Placzek, Verlagsarchiv Literaturverlag Droschl, Verlagsarchiv »protokolle« u. a.

2002
1. 2. Verleihung des George-Saiko-Reisestipendiums an Brigitta Falkner an der ÖNB.
13.–15. 3. HANS-Anwendertreffen an der Stadt- und Universitätsbibliothek Frankfurt am Main.
25.–26. 4., 8. Arbeitstagung der österreichischen Literaturarchive (KOOP-LITERA) im Rathaus Wien.
22. 5. »Archiv-Gespräch« 1: »Die Aura des Digitalen« im ÖLA.
1. 9. Beginn des Projekts »George Saiko: Nachlaß – Werk – Wirkung« unter der Leitung von Univ.-Prof. Dr. Wendelin Schmidt-Dengler und der Mitarbeit von Mag. Michael Hansel.
19.–24. 9., 27. Österreichischer Bibliothekartag an der Universität Klagenfurt: »Informationszeitalter – Epoche des Vergessens« (Sektion »Nachlässe und Dokumentationen«).
1. 10. Aufnahme von Dr. Klaus Kastberger als Research Fellow am Internationalen Forschungszentrum Kulturwissenschaften (IFK) Wien. Aufnahme von Mag. Erwin Gartner als wissenschaftlicher Mitarbeiter (Karenzvertretung Dr. Klaus Kastberger).
7. 11. »Archiv-Gespräch« 2: »Das Geschlecht der Erinnerung« im ÖLA.
13. 11. Präsentation des neunten Bandes »Profile«: »Frauen verstehen keinen Spaß« im Wiener Rathaus.
29. 11. »100 Jahre Bosheit«. Ein Festival zum 100. Geburtstag von Albert Drach«, in der Theatergruppe 80.
5.–6. 12. Tagung »Expertengespräch Kalliope« an der SBB.
Erwerbungen: Nachlässe Friedrich Heer, Adrienne Thomas, Teilvorlässe von Robert Schindel, Walter Kappacher u. a.

2003

1. 2. Beginn des Projekts »Ödön von Horváth: Grundlagen einer kritisch-genetischen Ausgabe« unter der Leitung von Dr. Klaus Kastberger und der Mitarbeiter von Mag. Erwin Gartner.

3. 3. Aufnahme von Mag. Angelika Wimmer als Bibliothekarin.

24.–25. 3. Symposium »Hinter dem Gesicht des Österreichers. George Saiko und die Literatur des ›inwendigen Menschen‹« in der ÖGfL.

7. 5. »Am Brennen«. Axel Corti: 1933–1993. Eine Gedenkveranstaltung« im Metro Kino, Wien.

26. 3.–18. 5. Ausstellung »Der literarische Einfall« im Kunsthaus Meran.

24.–25. 4. HANS-Anwendertreffen an der Vorarlberger Landesbibliothek, Bregenz.

8.–9. 5., 9. Arbeitstagung der österreichischen Literaturarchive (KOOP-LITERA) am Literaturhaus Mattersburg.

10. 5.–31. 10. Ausstellung »Die Teile und das Ganze. Bausteine der literarischen Moderne in Österreich« am Deutschen Literaturarchiv in Marbach am Neckar (Gestaltung: Dr. Bernhard Fetz und Dr. Klaus Kastberger). Präsentation des zehnten Bandes »Profile«: »Die Teile und das Ganze. Bausteine der literarischen Moderne in Österreich«.

11. 6. »Archiv-Gespräch« 3: »Was kostet Kafka? Zur Preisentwicklung auf dem Autographenmarkt« im ÖLA.

4. 11. Präsentation des fünften Bandes »ÖLA-Forschung«: »George Saiko. Texte und Materialien« in der ÖGfL, Wien.

3. 12. »Archiv-Gespräch« 4: »Der Mann ohne Eigenschaften – digital. Perspektiven elektronischen Edierens« im ÖLA.

4.–7. 12. Zweites bilaterales germanistisches Symposion Österreich-Tschechien: »Kunst und Musik in der Literatur. Ästhetische Wechselbeziehungen in der österreichischen Literatur der Gegenwart« in Brünn.

Erwerbungen: Nachlässe Heimrad Bäcker, Maxi Böhm, Christine Busta, Vorlaß Alois Vogel, Teilvorlässe Josef Haslinger, Peter Henisch u. a.

2004

1. 1. Beginn des Projekts »Migration der HANS-Datenbank in Aleph«.

14. 1.–1. 3. Ausstellung »Der literarische Einfall« an der Fernuniversität Hagen.

2.–3. 2. RNA-Arbeitskreis-Meeting an der SBB (im Rahmen des 2002 getroffenen Kooperationsabkommens zur redaktionellen Pflege der RNA zwischen ÖNB und SBB).

14. 3.–25. 4. Ausstellung »Der literarische Einfall« am Heinrich-Heine-Institut Düsseldorf.

29.–30. 4. HANS-Anwendertreffen an der Universitätsbibliothek Marburg (Lahn).

5.–7. 5., 10. Arbeitstagung der österreichischen Literaturarchive

(KOOP-LITERA) an der Niederösterreichischen Landesbibliothek, St. Pölten.

14. 5.–30. 9. Ausstellung »Die Teile und das Ganze. Bausteine der literarischen Moderne in Österreich« an der ÖNB.

27. 5. Verleihung des George-Saiko-Reisestipendiums an Josef Winkler an der ÖNB.

15. 6. Aufnahme von Mag. Martin Wedl als Bibliothekar.

17. 6. »Archiv-Gespräch« 5: »Das Archiv als Ort der Literatur« im ÖLA.

28. 10. »Archiv-Gespräch« 6: »Hertha Kräftner: Neue Lektüren. Auto-Biografie als Rezeptionsfalle« im ÖLA.

November: Habilitation von Dr. Bernhard Fetz an der Universität Wien im Fach Neue Deutsche Literatur.

Dezember: Habilitation von Dr. Klaus Kastberger an der Universität Wien im Fach Neue Deutsche Literatur.

14. 12. KOOP-LITERA Workshop »Bestanderhaltung« am Wiener Stadt- und Landesarchiv.

Erwerbungen: Nachlässe Günther Anders, Hermann Hakel, Emil Lorenz, Teilnachlässe Egon Friedell, Anton Kuh, Vorlässe Gustav Ernst, Dietmar Grieser, Heinz R. Unger, Oswald Wiener, Teilvorlaß Ferdinand Schmatz u. a.

2005

Januar: Habilitation von Dr. Volker Kaukoreit an der Universität Wien im Fach Neue Deutsche Literatur.

1. 2. Beginn des Projekts »Monographie Fritz Habeck« unter der Leitung von Priv.-Doz. Dr. Bernhard Fetz und der Mitarbeit von Mag. Andreas Weber.

29. 3. Konstituierung einer Arbeitsgruppe zur Digitalisierung von audiovisuellen Medien an der ÖNB auf Anregung des ÖLA.

1. 4. Gründung des Ludwig Boltzmann Instituts für Geschichte und Theorie der Biographie unter der Leitung von Dr. Wilhelm Hemecker sowie der stellvertretenden Leitung von Priv.-Doz. Dr. Bernhard Fetz.

Aufnahme von Mag. Michael Hansel als wissenschaftlicher Mitarbeiter.

Aufnahme von Andrea Hipfinger als bibliothekarische Mitarbeiterin.

14.–15. 4. HANS-Anwendertreffen an der Universitätsbibliothek Dresden.

20.–22. 4., 11. Arbeitstagung der österreichischen Literaturarchive (KOOP-LITERA) am Thomas-Bernhard-Archiv, Gmunden.

1. 6. »Archiv-Gespräch« 7: »Literaturzeitschriften und Archive« im ÖLA.

17. 6. Sponsion von Andrea Hipfinger an der Fachhochschule für Informationsberufe, Eisenstadt.

17.–18. 6.: Ödön von Horváth-Tage 2005: »Ein Fräulein wird verkauft« in der Theatergruppe 80. Präsentation des Bandes »Ödön von Horváth: Ein Fräulein wird verkauft und andere Stücke aus dem Nachlaß«.

1. 10. Beginn des Projekts »Grundlagen der Horváth-Philologie (Wiener Ausgabe sämtlicher Werke und Briefe)« unter der Leitung von Priv.-Doz. Dr. Klaus Kastberger und der Mitarbeit von Dr. Kerstin Reimann und Dr. Nicole Streitler.

Erwerbungen: Nachlaß Carry Hauser, Vorlässe Inge Merkel, Margit Schreiner, Teilvorlässe Robert Menasse, Andreas Okopenko, Robert Schindel, Brigitte Schwaiger, Paul Zsolnay-Verlagsarchiv, Teilarchiv des Milena Verlages (ehemals Wiener Frauenverlag) u. a.

2006
(Stand: Juni)

Januar Einrichtung des digitalen Publikationsforums LIT.NET.AT auf der Homepage des ÖLA.

16.–17. 2. RNA-Arbeitskreis-Meeting an der SBB.

April Abschluß der ersten Testphase der Datenüberführung im Rahmen des Projekts »Migration der HANS-Datenbank in Aleph«. Ersteinrichtung eines lokalen Aleph-»HANNA«-OPAC (mit Ausrichtung auf eine Verbunddatenbank in Kooperation mit dem Forschungsinstitut Brenner-Archiv (Innsbruck), der Universitätsbibliothek Graz, der Stiftung-Salzburger-Literaturarchiv (Salzburg), dem Adalbert-Stifter-Institut des Landes Oberösterreich / Oberösterreichisches Literaturarchiv (Linz).

4. 4. Verleihung des George-Saiko-Reisestipendiums an Olga Flor an der ÖNB.

Promotion von Mag. Michael Hansel an der Universität Wien.

24.–25. 4. Symposium »Spiegel und Maske. Konstruktionen biographischer Wahrheit – Mirror and Mask. Biographical Truths Under Construction« des Ludwig Boltzmann Instituts für Geschichte und Theorie der Biographie in Kooperation mit der ÖNB und der ÖGfL an der ÖNB sowie in der ÖGfL, Wien.

9.–10. 5. Symposium »Alois Vogel – Schriftsteller« an der ÖGfL, Wien.

11.–12. 5., 12. Arbeitstagung der österreichischen Literaturarchive (KOOP-LITERA) im Literaturhaus Salzburg.

18. 5. »Archiv-Gespräch« 8: »Verlagspolitik einst und heute am Beispiel des Paul Zsolnay Verlags« im ÖLA.

Erwerbungen bislang: Nachlaß Josef Friedrich Fuchs, Vorlaß Michael Scharang

Publikationen – eine Auswahl

ANDREA HIPFINGER UND WERNER ROTTER

1. Reihen

1.1. Profile. Magazin des Österreichischen Literaturarchivs der Österreichischen Nationalbibliothek

1. Der literarische Einfall. Über das Entstehen von Texten. Hg. von Bernhard Fetz und Klaus Kastberger. Wien: Zsolnay 1998.
2. Otto Basil und die Literatur um 1945. Tradition – Kontinuität – Neubeginn. Hg. von Volker Kaukoreit und Wendelin Schmidt-Dengler. Wien: Zsolnay 1998.
3. Hilde Spiel. Weltbürgerin der Literatur. Hg. von Hans A. Neunzig und Ingrid Schramm. Wien: Zsolnay 1999.
4. Handschrift. Hg. von Wilhelm Hemecker. Wien: Zsolnay 1999.
5. Schluß mit dem Abendland! Der lange Atem der österreichischen Avantgarde. Hg. von Thomas Eder und Klaus Kastberger. Wien: Zsolnay 2000.
6. Ein treuer Ketzer. Manès Sperber – der Schriftsteller als Ideologe. Hg. von Wilhelm Hemecker. Wien: Zsolnay 2000.
7. Wien – Berlin. Hg. von Bernhard Fetz. Wien: Zsolnay 2001.
8. Ödön von Horváth. Unendliche Dummheit – dumme Unendlichkeit. Mit einem Dossier »Geborgte Leben: Horváth und der Film« [zsgest. von Evelyne Polt-Heinzl und Christine Schmidjell]. Hg. von Klaus Kastberger. Wien: Zsolnay 2001.
9. Frauen verstehen keinen Spaß. Hg. von Daniela Strigl. Wien: Zsolnay 2002.
10. Die Teile und das Ganze. Bausteine der literarischen Moderne in Österreich. Hg. von Bernhard Fetz und Klaus Kastberger. Wien: Zsolnay 2003, Leseheft 2004.

11. Die Dichter und das Denken. Wechselspiele zwischen Literatur und Philosophie. Hg. von Klaus Kastberger und Konrad Paul Liessmann. Wien: Zsolnay 2004.
12. Ernst Jandl. Musik Rhythmus Radikale Dichtung. Hg. von Bernhard Fetz. Wien: Zsolnay 2005.
13. Spiegel und Maske. Konstruktionen biographischer Wahrheit. Hg. von Bernhard Fetz und Hannes Schweiger. Wien: Zsolnay 2006.

1.2. Sichtungen. Archiv – Bibliothek – Literaturwissenschaft

1. Sichtungen. Archiv – Bilbiothek – Literaturwissenschaft. Internationales Jahrbuch des Österreichischen Literaturarchivs. Zusammengestellt von Andreas Brandtner und Volker Kaukoreit. Wien: Turia + Kant 1998.
2. Sichtungen. Archiv – Bilbiothek – Literaturwissenschaft. Internationales Jahrbuch des Österreichischen Literaturarchivs. Zusammengestellt von Andreas Brandtner, Volker Kaukoreit und Ingrid Schramm. Wien: Turia + Kant 1999.
3. Sichtungen. Archiv – Bibliothek – Literaturwissenschaft. Herausgegeben im Auftrag des Österreichischen Literaturarchivs von Andreas Brandtner, Max Kaiser und Volker Kaukoreit. Wien: Turia + Kant 2001.
4./5. Sichtungen. Archiv – Bibliothek – Literaturwissenschaft. Herausgegeben im Auftrag des Österreichischen Literaturarchivs der Österreichischen Nationalbibliothek und der Wiener Stadt- und Landesbibliothek von Andreas Brandtner, Max Kaiser und Volker Kaukoreit. Wien: Turia + Kant 2004.
6./7. Sichtungen. Archiv – Bibliothek – Literaturwissenschaft. Herausgegeben im Auftrag des Österreichischen Literaturarchivs der Österreichischen Nationalbibliothek und der Wiener Stadt- und Landesbibliothek von Andreas Brandtner, Max Kaiser, Volker Kaukoreit – unter Mitarbeit von Michael Hansel. Wien: Turia + Kant 2005.
8./9. »Aus meiner Hand dies Buch ...«. Zum Phänomen der Widmung. Sichtungen. Archiv – Bibliothek – Literaturwissenschaft. Herausgegeben im Auftrag des Österreichischen Literaturarchivs der Österreichischen Nationalbibliothek und der Wienbibliothek im Rathaus von Volker Kaukoreit, Marcel Atze und Michael Hansel. Wien: Turia + Kant 2006.

1.3. Österreichisches Literaturarchiv – Forschung

1. Kiegler-Griensteidl, Monika und Volker Kaukoreit (Hg.): Kringel, Schlingel, Borgia. Materialien zu Peter Hammerschlag. Wien: Turia + Kant 1997.
2. Kastberger, Klaus (Hg.): Andreas Okopenko. Texte und Materialien. Wien: Sonderzahl 1998.
3. [noch nicht vergeben]
4. Fetz, Bernhard (Hg.): Ernst Fischer. Texte und Materialien. Wien: Sonderzahl 2000.
5. Hansel, Michael und Klaus Kastberger (Hg.): George Saiko. Texte und Materialien. Wien: Sonderzahl 2003.
6. Kastberger, Klaus (Hg.): Reinschrift des Lebens. Friederike Mayröckers »Reise durch die Nacht«. Edition und Analyse. Wien: Böhlau 2000.
7a. Fetz, Bernhard (Hg.): Phantastik auf Abwegen. Fritz von Herzmanovsky-Orlando im Kontext; Essays, Bilder, Hommagen. Wien, Bozen: Folio 2004.
7b. Fetz, Bernhard (Hg.): Von der ersten zur letzten Hand. Theorie und Praxis der literarischen Edition. Wien, Bozen: Folio 2000.
8. Kastberger, Klaus und Nicole Streitler (Hg.): Vampir und Engel. Zur Genese und Funktion der Fräulein-Figur im Werk Ödön von Horváths. Wien: Praesens 2006.

2. Ausstellungskataloge

Schramm, Ingrid (Hg.): Hilde Spiel – Briefwechsel. Eine Ausstellung des Österreichischen Literaturarchivs der Österreichischen Nationalbibliothek, 16. März bis 27. April 1995 im Foyer und Tiefspeicherfoyer der Österreichischen Nationalbibliothek. Wien: ÖLA 1995.

Schmidt-Dengler, Wendelin und Ingrid Schramm (Hg.): Die Hand des Autors. Dokumente und Autographen zu Leben und Werk Heimito von Doderers. Eine Ausstellung des Österreichischen Literaturarchivs der Österreichischen Nationalbibliothek aus Beständen der Handschriftensammlung, 30. September bis 23. Oktober 1996 im Tiefspeicherfoyer der Österreichischen Nationalbibliothek. Wien: ÖLA 1996.

Kiegler-Griensteidl, Monika und Volker Kaukoreit (Hg.): Kringel, Schlingel, Borgia – Peter Hammerschlag (1902–1942). Die Ausstellung. Vitrinen und Exponate. Wien, 26. September bis 16. November 1997. Wien: ÖLA 1997.

Hemecker, Wilhelm: Rilke in Wien. Begleitbuch zur Ausstellung »Haßzellen, stark im größten Liebeskreise« – Rilke und das K. u. K. Kriegsarchiv. Wien: Inlibris 1998 (= Österreichisches Literaturarchiv – Kataloge 1).

Patka, Marcus G. und Mirjana Stančić (Hg.): Die Analyse der Tyrannis – Manès Sperber. 1905–1984. Begleitbuch zur Ausstellung »Die Analyse der Tyrannis – Manès Sperber« des Jüdischen Museums Wien in Kooperation mit dem Österreichischen Literaturarchiv der Österreichischen Nationalbibliothek vom 18. Januar bis 10. März 2006. Wien: Holzhausen 2005.

Kastberger, Klaus (Hg.): Wassersprachen. Flüssigtexte aus Österreich. Eine Ausstellung des StifterHauses Linz in Kooperation mit dem Österreichischen Literaturarchiv der Österreichischen Nationalbibliothek. Linz: StifterHaus 2006 (= Literatur im StifterHaus 18).

3. Publikationen aus und zu den Beständen

Badger, Billy: Zwischen dem Meer und dem Nichtmehr. Anxiety, repression and hope in the works of Erich Fried. Frankfurt am Main: Lang 2003 (= Historisch-kritische Arbeiten zur deutschen Literatur 36).

Bartens, Daniela und Klaus Kastberger (Hg.): Gunter Falk. Graz: Droschl 2000 (= Dossier Extra).

Bartsch, Kurt: Ödön von Horváth. Stuttgart: Metzler 2000.

Baumann, Peter: Ödön von Horváth. »Jugend ohne Gott« – Autor mit Gott? Analyse der Religionsthematik anhand ausgewählter Werke. Zürich: phil. Diss. 2002.

Bonifacio-Gianzana, Andrea: Ödön von Horváth. Sportmärchen. Text, Genese, Kommentar. Wien: phil. Dipl.-Arb. 2003.

Brand, Tilman von: Öffentliche Kontroversen um Erich Fried. Berlin: Wissenschaftlicher Verl. 2003.

Cella, Ingrid, Bernhard Fetz u. a. (Hg.): Albert Drach: Werke in zehn Bänden. Bisher erschienen:

1. Untersuchung an Mädeln. Hg. von Ingrid Cella. Wien: Zsolnay 2002.

2. »Z.Z.« das ist die Zwischenzeit. Ein Protokoll. Hg. von Wendelin Schmidt-Dengler. Wien: Zsolnay 2003.

3. Unsentimentale Reise. Hg. von Bernhard Fetz. Wien: Zsolnay 2005.

4. Das Beileid. Hg. von Bernhard Fetz und Eva Schobel. Wien: Zsolnay 2006.

Eckelsberger, Helmut: Die Erschließung des Nachlasses von Alfred W. Kneucker im Österreichischen Literaturarchiv der Österreichischen Nationalbibliothek. Wien: Hausarb. 1997.

Eder, Thomas und Klaus Kastberger (Red.): Die Rampe. Hefte für Literatur. Heimrad Bäcker. Linz: Rudolf Trauner 2001.

Eder, Thomas: Unterschiedenes ist / gut. Interpretationen zum Werk von Reinhard Priessnitz. Wien: phil. Diss. 2001.

Fetz, Bernhard: Der Dichter und der liebe Gott. Ernst Jandls Gedicht »choral« im Kontext seiner religiösen Gedichte. In: Interpretationen. Gedichte von Ernst Jandl. Hg. von Volker Kaukoreit und Kristina Pfoser. Stuttgart: Reclam 2002, S. 116–130.

Fetz, Bernhard: »Der Rhythmus der Ideen«. On the Workings of Broch's Cultural Criticism. In: Hermann Broch, Visionary in Exile. Hg. von P. M. Lützeler. New York: Camden House 2003, S. 37–54.

Fetz, Bernhard: Kulturkritik und Schreibweisen österreichischer Literatur im 20. Jahrhundert. Band 1: (Miss)glückende Synthesen. Beiträge zur österreichischen Kulturkritik im 20. Jahrhundert. Band 2: Die Schwierigen. Schreibweisen österreichischer Literatur im 20. Jahrhundert. Wien: Habil. 2003 (erscheint voraussichtlich als: Moral und Experiment. Schreibweisen österreichischer Literatur nach 1945, 2007, und als: Der Rhythmus der Ideen – Funktionsweisen kulturkritischer Diskurse in der österreichischen Literatur des 20. Jahrhunderts, 2008).

Fetz, Bernhard und Wendelin Schmidt-Dengler: Prag und Wien im Spiegel der Literatur im 19. und 20. Jahrhundert. In: Prag : Wien. Zwei europäische Metropolen im Lauf der Jahrhunderte. Hg. von Ernst Gamillscheg. Wien: Österreichische Nationalbibliothek 2003, S. 81–98.

Fetz, Bernhard: Sex, Lies and Nazis. Albert Drach's Literary Vigilantism. In: Austrian Writers Confront the Past. Special Issue New German Critique 93 (Herbst 2004), S. 77–81.

Fetz, Bernhard: »Ich erlebe die Dokumente als überwältigend«. Ein Portrait Christoph Ransmayrs. In: praesent. das österreichische literaturjahrbuch. Wien: Praesens 2005, S. 25–29.

Fetz, Bernhard: Zur Produktionsweise von Wien-Berlin-Stereotypen. Der Publizist und »Tage-Buch«-Herausgeber Stefan Grossmann. In: Vienna Meets Berlin. Cultural Interaction 1918–1933. Ed. John Warren and Ulrike Zitzelsperger. Bern u. a.: Peter Lang 2005 (= British and Irish Studies in German Language and Literature 41), S. 109–123.

Gausterer, Tanja: Der Literaturvermittler Joseph Kalmer. Versuch einer Annäherung. Wien: phil. Dipl.-Arb. 2004.

Gausterer, Tanja und Volker Kaukoreit: Der Journalist Joseph Kalmer – eine

Spurensicherung. In: Zwischenwelt (2005) Nr. 3/4, S. 30–33 und 87f.

Gindele, Sonja: Der Briefwechsel zwischen Hermann Broch und Ernst Schönwiese. Untersuchung zur literarischen Kommunikation im Umkreis der Zeitschrift »das silberboot«. Göttingen: Hausarb. [2005].

Golec, Janusz: Alltag und Glück im Werk Ödön von Horváths. Lublin: Wydaw 2002.

Graner, Mathias: Der literarische Nachlass von Alois Vogel. Ordnung, Aufnahme und Charakterisierung des Bestandes am Österreichischen Literaturarchiv. Stuttgart: Hochschule der Medien, phil. Dipl.-Arb. 2005.

Gros, Peter: Plebejer, Sklaven und Caesaren. Die Antike im Werk Ödon von Horváths. Zürich: phil. Diss. 1996.

Hammerschmid, Michael: Eine Einführung in die Poetik Franz Josef Czernins anhand des Gedichtes »erosion« aus dem Lyrikband »natur-gedichte«. Wien: phil. Dipl.-Arb. 1997.

Hansel, Michael: »Der Brief im 20. Jahrhundert« – dargestellt anhand eines Fallbeispiels. Der Briefwechsel des Dichters Theodor Kramer mit dem Literaturwissenschafter Harry Zohn (1951 bis 1958). Wien: phil. Dipl.-Arb. 2001.

Hansel, Michael: Harry Zohn – Mittler und Brückenbauer. In: Zwischenwelt (2002), Nr. 4, S. 9–12.

Hansel, Michael: George Saiko oder Die Wirklichkeit hat doppelten Boden. Eine monographische Studie zu Werk, Wirkung und Forschungsgeschichte. Wien: phil. Diss. 2006.

Hareter, Beate: Erich Frieds Exilbände »Deutschland« (1944) und »Österreich« (1946). Eine Text-für-Text-Analyse. Wien: phil. Dipl.-Arb. 2001.

Hemecker, Wilhelm: Anton Kuh lag in Australien. In: Die Presse (Wien), 15. Mai 2004, Spectrum.

Hilpold, Stephan: Der Nachlaß von Anita Pichler. Wien: phil. Dipl.-Arb. 1999.

Hipfinger, Andrea: Katalogisierung unter den Gesichtspunkten der BenutzerInnenfreundlichkeit und Kompatibilität am Beispiel des Österreichischen Literaturarchivs der Österreichischen Nationalbibliothek und der Handschriftensammlung der Wiener Stadt- und Landesbibliothek im Vergleich mit einem internationalen Beispiel (Manuscript Collections der British Library). Eisenstadt: FH Dipl.-Arb. 2005.

Hummelbrunner, Heike: »Nur was man tut, besteht!«. Die Erzählerin und Dramatikerin Hilde Spiel. Wien: phil. Dipl.-Arb. 1997.

Jansohn, Christa: Zweifelhafter Shakespeare. Zu den Shakespeare-Apokryphen und ihrer Rezeption von der Renaissance bis zum 20. Jahrhundert. Münster, Hamburg, London: LIT Verl. 2000 (= Studien zur englischen Literatur 11).

Jhala, Amar: Auswahlbibliographie zu Otto Basil (= LIT.NET.AT 1): http://www.onb.ac.at/sammlungen/litarchiv/publ/po/Jhala/jhala_po.htm (Stand: 12. Juni 2006)

Kastberger, Klaus und Wendelin Schmidt-Dengler: In Böen wechselt mein Sinn. Zu Friederike Mayröckers Literatur. Wien: Sonderzahl 1996.

Kastberger, Klaus: Friedrike Mayröcker und Goya. Eine genetische Studie. In: Textgenese und Interpretation. Vorträge und Aufsätze des Salzburger Symposiums 1997. Hg. von Adolf Haslinger, Herwig Gottwald, Hildemar Holl. Stuttgart: Heinz 2000 (= Stuttgarter Arbeiten zur Germanistik 389. Salzburger Beiträge. Nr. 41), S.122–138.

Kastberger, Klaus (Hg.): Horváth, Ödön von: Himmelwärts und andere Prosa aus dem Nachlaß. Frankfurt am Main: Suhrkamp 2001 (= Ödön von Horváth. Gesammelte Werke; Suppl. 1 und Suhrkamp-Taschenbuch 3347).

Kastberger, Klaus: Ödön von Horváth. Voraussetzungen einer kritisch-genetischen Ausgabe. In: editio 15 (2001), S. 168–176.

Kastberger, Klaus: »Fleisch zum Fressen und zum Küssen«. Friederike Mayröcker und die Bildende Kunst. In: 1 Nervensommer. Texte von Friederike Mayröcker. Bilder von Andreas Grunert. Wien. Kunsthistorisches Museum 2002, S. 7–10.

Kastberger, Klaus: Vom Eigensinn des Schreibens. Produktionsweisen moderner österreichischer Literatur. Wien: Habil. 2003 (erscheint 2007 bei Sonderzahl).

Kastberger, Klaus: Frau und Mann bei Ödön von Horváth – Eine prächtige Fernsicht. In: Horváth-Journal 2 (2004), S. 29–41.

Kastberger, Klaus: Wie wurde der »Kindernazi«? Anmerkungen zur Entstehungsgeschichte von Andreas Okopenkos Roman. In: Andreas Okopenko. Hg. von Christa Gürtler und Konstanze Fliedl. Graz: Droschl 2004 (= Dossier 23), S. 111–126.

Kastberger, Klaus: »Dreht sich um die Sau?« Die Frau eine sprechende Ware, der Mann ein Fleischhauer. Zur Ökonomie der Geschlechter bei Ödön von Horváth. In: Die Furche (Wien), 16. Juni 2005.

Kastberger, Klaus (Hg.): Horváth, Ödön von: Ein Fräulein wird verkauft und andere Stücke aus dem Nachlaß. Frankfurt am Main: Suhrkamp 2005 (= Ödön von Horváth. Gesammelte Werke, Suppl. 2 und Suhrkamp-Taschenbuch 3698).

Kastberger, Klaus: 200 Jahre Bosheit. Nestroy und Horváth – ein forcierter Vergleich. In: Nestroyana, 26 (2006), H. 1, 2, S. 62–76.

Kaukoreit, Volker und Heinz Lunzer (Hg.): Erich Fried und Österreich. Bausteine zu einer Beziehung. Eine Ausstellung der Dokumentationsstelle für neuere österreichische Literatur und der Internationalen Erich Fried-Gesellschaft für Literatur und Sprache im Literaturhaus. Wien: Dokumentationsstelle für neuere österreichische Literatur 1992 (= Zirkular Sondernummer 33).

Kaukoreit, Volker (Hg.): Einblicke – Durchblicke. Fundstücke und Werkstattberichte aus dem Nachlaß von Erich Fried. Wien: Turia + Kant 1993.

Kaukoreit, Volker und Wilhelm Urbanek (Hg.): Erich Fried: Am Alsergrund. Erich Frieds Jugendjahre in Wien (1921–1938). Texte und Dokumente. Wien: Turia + Kant 1995.

Kaukoreit, Volker: »Vater tot, Mutter im Kerker, und ich im nebligen England« oder »Das ist des Emigranten Lied«. Resümierende Betrachtungen und ausgewählte Nachträge zu den literarischen Anfängen Erich Frieds bis 1945. In: Deutschsprachige Exillyrik von 1933 bis zur Nachkriegszeit. Hg. von Jörg Thunecke. Amsterdam: Rodopi 1998 (= Amsterdamer Beiträge zur neueren Germanistik 44), S. 251–287.

Kaukoreit, Volker (Hg.): Interpretationen. Gedichte von Erich Fried. Stuttgart: Reclam 1999 (= Universal-Bibliothek Band 17507).

Kaukoreit, Volker und Kristina Pfoser (Hg.): Die österreichische Literatur seit 1945. Eine Annäherung in Bildern. Stuttgart: Reclam 2000.

Kaukoreit, Volker und Jörg Thunecke (Hg.): 126, Westbourne Terrace. Erich Fried im Londoner Exil (1938–1945), Texte und Materialien. Wien: Turia + Kant 2001.

Kaukoreit, Volker: »Originelle Dichtung« mit »Niveau«? Zu Aspekten der Lyrik Erich Frieds von 1945 bis zum Ende der fünfziger Jahre. In: Erich Fried. Études réunies par Jürgen Doll. Rouen: Centre d'Etudes et de Recherches Autrichiennes 2001 (= Austriaca 52), S. 43–64.

Kaukoreit, Volker und Monika Kiegler-Griensteidl (Hg.): Peter Hammerschlag: Die Affenparty. Verstreute Prosa. Wien: Zsolnay 2001.

Kaukoreit, Volker und Kristina Pfoser (Hg.): Interpretationen. Gedichte von Ernst Jandl. Stuttgart: Reclam 2002 (= Universal-Bibliothek Band 17519).

Kaukoreit, Volker: »Man muß sich erinnern, damit man vergessen kann«. Ein Gespräch mit dem Autor Francisco Tanzer. In: Zwischenwelt (2003), Nr. 3, S. 20–26.

Kaukoreit, Volker: Grundlagenforschung und Interpretation. Schnittstellen zwischen Archiv und Literaturwissenschaft an Beispielen der deutschsprachigen Literatur seit 1945. Wien: Habil. 2003.

Kaukoreit, Volker: Abweichungen ohne Ende? Anmerkungen zur Variantenproblematik in der Lyrik Erich Frieds. In: Varianten – Variants – Variantes. Hg. von Christa Jansohn und Bodo Plachta. Tübingen: Niemeyer 2005 (= Beiheft zu editio 22), S. 233–252.

Kiegler-Griensteidl, Monika: Die Erschließung des Nachlaßbestandes Peter Hammerschlags im Österreichischen Literaturarchiv der Österreichischen Nationalbibliothek. Wien: bibliothekarische Hausarb. 1997.

Lang, Eva: Schreiben – ein Beruf? Die ökonomischen Voraussetzungen des Schreibens in Österreich nach 1945 am Beispiel Ernst Jandls. Wien: phil. Dipl.-Arb. 2005.

Lee, Suk-Kyung: Ambivalenz und Diffusion in der späten Dramatik Ödon von Horváths. Verdeckende Schreibweise im Exil. Graz: phil. Diss. 2003.

Luer, Nadya: Form und Engagement. Untersuchungen zur Dichtung und Ästhetik Erich Frieds. Wien: Praesens 2004.

Millner, Alexandra: Spiegelwelten – Weltenspiegel. Zum Spiegelmotiv bei Elfriede Jelinek, Adolf Muschg, Thomas Bernhard, Albert Drach. Wien: Braumüller 2004 (= Wiener Arbeiten zur Literatur, Bd. 19).

Murbacher, Birgit: Hilde Spiel. Publizistin wider Willen. Versuch einer Medienbiographie der ersten Lebenshälfte von Hilde Spiel. Wien: phil. Dipl.-Arb. 1997.

Neumüller, Robert, Ingrid Schramm und Wolfgang Stickler (Hg.): Axel Corti. Filme, Texte und Wegbegleiter. Ein Porträt. Weitra: Bibliothek der Provinz 2003.

Österreichisches Literaturarchiv (Hg.): Bunte Blätter. Wendelin Schmidt-Dengler zum 60. Geburtstag. Wien: Zsolnay 2002.

Pilström, Malin: Literarische Zweisprachigkeit am Beispiel von Hilde Spiel. Wien: phil. Dipl.-Arb. 2002.

Pirker, Ursula: George Saikos Bühnenerfahrungen in Rußland. Quellenkundliche Anmerkungen zu einem St. Petersburger Gastspiel (= LIT. NET.AT 2): http://www.onb.ac.at/sammlungen/litarchiv/publ/po/Pirker/saiko.htm (Stand: 12. Juni 2006)

Pointner, Stefan: Peter Henisch. Vom Wunsch, Indianer zu werden. Wie Franz Kafka Karl May traf und trotzdem nicht in Amerika landete. Versuch einer palimpsestuösen Lektüre. Wien: phil. Dipl.-Arb. 2006.

Profanter, Teresa: Josef Haslingers Prosa (1974–1990). Eine textgenetische Untersuchung ausgewählter Beispiele. Wien: phil. Dipl.-Arb. 2006.

Reichl, Johannes: Albert Drachs »Unsentimentale Reise« als andere Exilautobiographie. Wien: phil. Dipl.-Arb. 1997.

Reisinger, Stephanie: Das Sonett in der Dichtung Franz Josef Czernins. Wien: phil. Dipl.-Arb. 2004.

Rotter, Werner: Literarische Dokumente, auf Diskette gespeichert. Die archivalische Betreuung von digitalen Vor- und Nachlässen. Ein Projekt des österreichischen Literaturarchvis. In: biblos 45 (1996), H. 2, S. 215–219.

Rotter, Werner: Obiora – ein echter Österreicher. In: Zwischenwelt (2002), Nr. 4, S. 53.

Rudnicki-Dotzer, Gabi (Hg.): Leben ohne Geländer. Internationales Horváth-Symposium, Murnau 2001. Murnau: Markt Murnau 2003.

Schäfer, Katrin: »Die andere Seite«. Erich Frieds Prosawerk. Motive und Motivationen seines Schreibens. Wien: Praesens 1998.

Schindegger, Julia: Der Literaturverlag Droschl – ein Verlag, seine Geschichte, sein Archiv und dessen archivwissenschaftliche Auswertung. Wien: phil. Dipl.-Arb. 2002.

Schleder, Renate: Ödon von Horvath und der Film. Wien: phil. Diss. 2001.

Schmidt-Dengler, Wendelin: Der Übertreibungskünstler. 3. erweiterte Auflage. Wien: Sonderzahl 1997 (= Studien zu Thomas Bernhard).

Schmidt-Dengler, Wendelin: Nach-Lässiges. In: Das unbekannte Erbe. Literarische Nachlässe und Literaturarchive in Österreich. Hg. von Hildemar Holl und Hans Höller. Stuttgart: Heinz 1997 (= Stuttgarter Arbeiten zur Germanistik 353, Salzburger Beiträge 33), S. 111–119.

Schmidt-Dengler, Wendelin: Antrieb und Verzögerung. Zur Funktion der Parenthese in Doderers Epik. Anmerkungen zur »Strudlhofstiege« und zu den »Dämonen«. In: »Excentrische Einsätze«. Studien und Essays zum Werk Heimito von Doderers. Hg. von Kai Luhers. Berlin, New York: Walter de Gruyter 1998, S. 136–147.

Schmidt-Dengler, Wendelin: Vom Sinn des Weitererzählens. Über Fritz Habecks Romane und den Erzählungsband »Gedanken in der Nacht«. In: Dear Fritz. Aufsätze und Gespräche über Fritz Habeck. Hg. von Andreas Weber. St. Pölten: Literaturedition Niederösterreich 1998, S. 187–197.

Schmidt-Dengler, Wendelin: Der wahre Vogel. Sechs Studien zum Gedenken an Ernst Jandl. Wien: Praesens 2001.

Schmidt-Dengler, Wendelin: Die Zaunreiterin. In: Das Herz, das ich meine. Essays zu Anita Pichler. Hg. von Sabine Gruber und Renate Mumelter. Wien, Bozen: Folio 2002 (= Transfer XLI), S. 22–39.

Schmidt-Dengler, Wendelin: Konkretes zur Poesie. Literaturwissenschaft und Archiv, ein Versuch. In: Vom Umgang mit literarischen Quellen. Internationales Kolloquium vom 17.–19. Oktober 2001 in Bern / Schweiz. Hg. von Stéphanie Cudré-Mauroux, Annetta Ganzoni und Corinna Jäger-Trees. Genf und Bern: Éditions Slatkine 2002, S. 25–35.

Schmidt-Dengler, Wendelin: Ohne Nostalgie. Zur österreichischen Literatur der Zwischenkriegszeit. Wien, Köln, Weimar: Böhlau 2002.

Schobel, Eva: Albert Drach. Ein wütender Weiser. Salzburg, Wien u. a.: Residenz 2002.

Schramm, Ingrid: Das Österreichische Literaturarchiv. Kommunikationswissenschaftliche Forschungsfelder in Nachlässen und Sammlungen. In: Medien & Zeit (1997), H. 1, S. 36–44.

Schramm, Ingrid: Hilde Spiel, Alexander Lernet-Holenia, Friedrich Torberg und der Österreichische P.E.N. Hintergründe und Abgründe der Verhinderung von Hilde Spiels Präsidentschaft. In: Wiener Schauplätze in Leben und Werk Alexander Lernet-Holenias. Hg. von Patrice Blaser und Manfred Müller. Wien: Österreichische Gesellschaft für Literatur 1997, S. 59–89.

Schramm, Ingrid und Anna Sebestyen (Hg.): György Sebestyén – der donauländische Kentaur. Ein subjektives Porträt. Graz: Styria 2000.

Schramm, Ingrid: György Sebestyén – Der pannonische Wanderer zwischen zwei Welten. In: Pannonia. Magazin für internationale Zusammenarbeit 16 (2000), S. 7–8.

Schramm, Ingrid: Stanisläuse im Archiv. Zu den Verhandlungen des Österreichischen Literaturarchivs mit den Erben von Vera Ferra-Mikura. In: 1000 und 1 Buch. Das Österreichische Magazin für Kinder- und Jugendliteratur 7 (2000), S. 24.

Schramm, Ingrid: Adrienne Thomas. Die kinderlose Kinderbuchautorin. In: Libri Liberorum 5 (2001), S. 25.

Schramm, Ingrid: Krankheit Exil. Hilde Spiels literarische Verarbeitung des Exilthemas in ›Rückkehr nach Wien – Tagebuch 1946‹. In: Echo des Exils. Das Werk emigrierter österreichischer Schriftsteller nach 1945. Hg. von Jörg Thunecke. Wuppertal: Arco 2006, S. 325–343.

Simhofer, Doris: Hilde Spiel, Journalistin wider Willen und ihre Ambivalenz zwischen »Brotberuf« und literarischer Berufung. Wien: phil. Diss. 1998.

Stančić, Mirjana: Manès Sperber. Leben und Werk. Frankfurt am Main: Stroemfeld 2003.

Stančić, Mirjana (Hg.): Manès Sperber: Charlatan und seine Zeit. Graz, Wien: Ed. Gutenberg 2004.

Steinthaler, Evelin Anna: INTIMUS / Persönliche Betrachtungen. Der Lyriker Erich Fried als politischer Kommentator des Deutschen Dienstes / BBC European Service, eine kommunikationshistorische Recherche. Wien: phil. Dipl.-Arb. 2002.

Urbanek, Wilhelm u. a. (Hg.): Vor der Flucht. Texte und Dokumente mit dem

Erstdruck von »Erich Fried. Kindheit in Wien«. Wien: Bezirksmuseum Alsergrund 2003.

Weber, Andreas (Hg.): Fritz Habeck: Der Scholar vom linken Galgen. Das Schicksal François Villons. Salzburg, Wien: Otto Müller 2004.

Weinmar, Claudia Katharina: Wilhelm Szabo – der Nachlaß. Werke, persönliche Aufzeichnungen, Auftragsarbeiten. Wien: phil. Dipl.-Arb. 1998.

Wenighofer, Andrea: Grenzzwischenfall mit Nachspiel. Ödön von Horváths »Hin und Her« und die Nachlassmaterialien im Österreichischen Literaturarchiv. Wien: phil. Dipl.-Arb. 2006.

Projekte – eine Dokumentation

ANDREA HIPFINGER UND WERNER ROTTER

Nachlaß- und Werkdokumentation zu Albert Drach

Projektleitung: Univ.-Prof. Dr. Ingrid Cella
Projektmitarbeit: Dr. Eva Schobel
Finanzierung: Jubiläumsfonds der Österreichischen Nationalbank
Laufzeit: März 1996 bis laufend
Das Werk des im März 1995 im 93. Lebensjahr verstorbenen österreichischen Autors Albert Drach wurde erst in den letzten Jahren zum Ziel kontinuierlicher literaturwissenschaftlicher Forschung. Die gesamte schriftstellerische Existenz des Autors zeichnet sich durch eine extreme Ungleichzeitigkeit seiner literarischen Produktion einerseits und der Publikation und Rezeption seiner Arbeiten andererseits aus. Ziel war es vor allem, durch Erschließung des Nachlasses die wissenschaftliche Voraussetzung für weiterführende Forschungen zu schaffen. Das Forschungsprojekt bildete die Grundlade für die zehnbändige Werkausgabe von Albert Drach, von der bereits vier Bände erschienen sind.

Koordination der datenunterstützten Vernetzung österreichischer Literaturarchive

Projektleitung: Univ.-Prof. Dr. Wendelin Schmidt-Dengler
Projektmitarbeit: Mag. Andreas Brandtner (bis September 2000) / Mag. Max Kaiser (ab Oktober 2000)
Finanzierung: Bundesministerium für Unterricht und kulturelle Angelegenheiten (bis 31. August 1998), Österreichische Nationalbibliothek (seit 1. September 1998)
Laufzeit: März 1997 bis September 2000, provisorisch fortgeführt ab Oktober 2000 (bis April 2001)
Die Erschließung und das Verzeichnen der Nachlässe und literaturarchi-

valischen Dokumente der Literaturarchive und anderer Handschriften verwaltender Institutionen Österreichs passierte bis jetzt nur in traditionellen Karteisystemen oder individuell auf PC. Auch orientierte sich die Erfassung der Dokumente an unterschiedlichen Richtlinien, ebenso wie die EDV-gestützte Aufnahme. Ziel des Projektes sollte es nun sein, die Datenkoordination zwischen den Literaturarchiven Österreichs vorzubereiten. Zu diesem Zweck wurde die Vorgehensweise der Erschließung angeglichen und ein Konsens für die Kriterien einer Minimalaufnahme gefunden. Um für eine österreichweite EDV-Vernetzung garantieren zu können, wurden die technischen Bedingungen definiert. In Zusammenarbeit mit dem Institut für Wissenschaftstheorie und -forschung der Universität Wien wurde ein Thesaurus erarbeitet, der datenrelevante Begriffe beinhaltet.

Vergleichende Analysen zur literarischen Moderne in Österreich 1910 bis 1930 und nach 1945

Projektleitung: Dr. Bernhard Fetz
Projektmitarbeit: Dr. Gisela Steinlechner
Finanzierung: Fonds zur Förderung der wissenschaftlichen Forschung (FWF)
Laufzeit: 15. März 1997 bis 15. März 1999
Ausgehend von den in exemplarischen Textanalysen gewonnenen Einsichten in die Werke österreichischer AutorInnen, die dem Expressionismus oder der vergessenen Avantgarde zugeordnet werden können, sollten in einem zweiten Arbeitsschritt avancierte Positionen der österreichischen Literatur nach 1945 als Referenzsysteme herangezogen werden: Es wurde untersucht, wo die AutorInnen von analogen Fragestellungen ausgehen, um aus den Überschneidungen und Differenzen neue literaturhistorische und geistesgeschichtliche Zusammenhänge zu entwickeln. Dabei ging es erst in zweiter Linie um den Nachweis einer eventuell vorhandenen Einflußgeschichte; vor allem wurde gezeigt, wie sich auch eine explizite Einflußnahme bestimmter thematischer und formaler Modelle über die historischen Bruchlinien fortschreiben. Es wurde außerdem eine Reflexion der Voraussetzungen und Probleme einer österreichischen Literaturgeschichte in diesem Jahrhundert angestrebt. In welchem Wechselverhältnis stehen österreichspezifische Literaturentwicklungen und internationale Ausprägungen der Moderne? Ziel des Projektes war es, das literarische Feld zwischen ca. 1910 und 1930 durch die Analyse von Werken aufzufächern und mit wahrnehmungstheoretischen, ästhetischen und ideologischen Positionen der zeitgenössischen Literatur nach 1945 zu konfrontieren.

»Geliebte Heimita« – Edition des Briefwechsels zwischen Heimito von Doderer und Dorothea Zeemann

Projektleitung: Dr. Klaus Kastberger
Projektmitarbeit: Mag. Thomas Eder
Finanzierung: Bundesministerium für Wissenschaft und Verkehr und Heimito-von-Doderer-Institut
Laufzeit: 1. April 1997 bis 1998
In der Auseinandersetzung mit den Schriften Dorothea Zeemanns hat Heimito von Doderer seine Romantheorie entwickelt und verfeinert. Ebenso bezog Zeemann aus den Anregungen und Kritiken Doderers wertvolle Impulse für ihre literarische Arbeit. Literaturwissenschaftlich bietet sich folgende Relevanz: Es eröffnet sich ein neuer Zugang zur späteren Lebensphase Doderers und es wird seine Arbeitsweise, sowie sein direkter Einfluß auf die Schülerin Zeemann, sichtbar. Dieser Ansatz wurde in der erzielten Edition durch Beigabe eines ausführlichen Sachkommentars und eines essayistischen Begleittextes hervorgehoben.

MALVINE (Manuscripts and Letters Via Integrated Networks in Europe)

Projektkoordination: Staatsbibliothek zu Berlin
Keyperson der ÖNB: Univ.-Prof. Dr. Wendelin Schmidt-Dengler
Deputy: Mag. Andreas Brandtner (bis September 2000) / Mag. Max Kaiser (ab Oktober 2000)
Laufzeit: Juli 1998 bis Januar 2001
Viele Archive, Bibliotheken, Museen und Dokumentationsstellen aus ganz Europa haben es sich zum Ziel gesetzt, BenutzerInnen aus aller Welt eine elektronische Suchmöglichkeit zu Autographen- und Nachlaßbeständen zu bieten. Durch die Entwicklung einer Spezialsuchmaschine sollten nationale und lokale Datenangebote so auffindbar sein, als seien sie in einer gemeinsamen Datenbank enthalten. Die Liste der teilnehmenden Institutionen wird laufend erweitert. MALVINE kann als ein »Flagschiff-Projekt« der Europäischen Kommission verstanden werden, dessen Ziel es war, Zeugnisse der europäischen Geistesgeschichte als gemeinsames Erbe und festen Bestandteil einer gemeinsamen Zukunft der breiten Öffentlichkeit leichter zugänglich machen zu wollen.

Wissenschaftliche Aufarbeitung des Nachlasses von Thomas Bernhard und Vorbereitung einer historisch-kritischen Ausgabe

Projektleitung: Univ.-Prof. Dr. Wendelin Schmidt-Dengler
Projektmitarbeit: Dr. Martin Huber, Leiter des seit 2001 bestehenden Thomas-Bernhard-Archivs (Homepage: www.thomasbernhard.at; e-mail: archiv@thomasbernhard.at)
Finanzierung: Bundesministerium für Bildung, Wissenschaft und Kultur
Laufzeit: 1999 bis laufend
Gefördert wird das Projekt vom Bundesministerium für Bildung, Wissenschaft und Kultur (BMBWK) seit 1999. Dabei besteht eine Kooperation mit dem Österreichischen Literaturarchiv (Österreichische Nationalbibliothek). Das gegenwärtige Forschungsprojekt im Thomas-Bernhard-Archiv (Gmunden, Oberösterreich) umfaßt die wissenschaftliche Aufarbeitung des Nachlasses des Schriftstellers Thomas Bernhard (1931–1989). Die Erschließung (Tiefenerschließung) der Archivalien folgt dabei dem internationalen Standard der RNA.

Nach dem ersten Zeitraum bis 2004 wurde das Projekt für weitere fünf Jahre verlängert. Ziel des Projekts ist neben der schrittweisen Erschließung und Katalogisierung vor allem das von Univ.-Prof. Dr. Wendelin Schmidt-Dengler und Dr. Martin Huber geleitete Editionsprojekt im Rahmen der 22-bändigen Thomas-Bernhard-Werkausgabe im Suhrkamp Verlag (Frankfurt am Main) seit 2003. Pro Jahr erscheinen vier Bände, in denen die Entstehungsgeschichte der jeweiligen Texte und die Arbeitsweise Thomas Bernhards anhand der Materialien aus dem Nachlaß in einem Kommentar dargestellt werden. Damit werden die Ergebnisse des Projekts der Öffentlichkeit unmittelbar zugänglich gemacht.

Edition des frühen Romans »Charlatan und seine Zeit« aus dem Nachlaß von Manès Sperber

Projektleitung: Dr. Wilhelm Hemecker, Priv.-Doz. Dr. Mirjana Stančić
Laufzeit: 1. August 1999 bis Ende 2000
Das Manuskript des Romans »Charlatan und seine Zeit« entstand vor dem Hintergrund der Weltrevolution und des Untergangs der Donaumonarchie, überstand das Exil, wurde jedoch nie veröffentlicht. Er enthält ein breites Panorama moderner literarischer Themen und Erzähltechniken. Der kommentierte Roman erschien 2004 im Verlag Ed. Gutenberg.

Konkrete Dichtung und Mimesis anhand des Werkes von Heimrad Bäcker

Projektleitung: Dr. Klaus Kastberger
Projektmitarbeit: Mag. Thomas Eder
Finanzierung: Fonds zur Förderung der wissenschaftlichen Forschung (FWF)
Laufzeit: 1. Juni 2000 bis 31. Mai 2002
Im Werk »nachschrift«, einer jahrzehntelangen Beschäftigung mit dem Holocaust, nimmt Bäcker an den Quellen zur NS-Zeit »die möglichkeit zur konkretion« wahr. Das »brachliegende sprachmaterial« der überlieferten Dokumente wird mit Hilfe formaler Verfahren isoliert, wodurch die verschleiernde, vertauschende Sprachverwendung totalitärer Systeme bewußt gemacht wird. Das Buch »nachschrift« besteht ausschließlich aus vorgefundenem Textmaterial, keiner der Texte ist Fiktion, Bericht oder Beschreibung; Bäcker verbleibt mit seinen Spracharrangements in der Sprache der Opfer und Täter. Anhand von Bäckers Werk drängt sich die Frage nach dem Zusammenspiel von Konkreter Dichtung und Mimesis in den Vordergrund. Im Wissenschaftsdiskurs erscheinen diese beiden Termini meist als isolierte bzw. einander ausschließende Begriffe. Vor diesem Hintergrund sollte die Konkrete Dichtung, wie sie sich im dichterischen und editorischen Werk Bäckers präsentiert, eine Neubewertung hinsichtlich ihres ästhetischen und erkenntnistheoretischen Potentials erfahren. Über die archivarische Betreuung und Auswertung dieses für die Konkrete Dichtung essentiellen Materialbestandes (Archiv des Verlags »edition neue texte« und Arbeitsmaterial zur »nachschrift«) wurde ein aktuelles und reformuliertes Konzept von Mimesis mit der Konkreten Poesie in Beziehung gesetzt.

Ödön von Horváths »Geschichten aus dem Wiener Wald«. Vorstudie einer historisch-kritischen Ausgabe

Projektleitung: Dr. Klaus Kastberger
Projektmitarbeit: Erwin Gartner
Finanzierung: Magistrat der Stadt Wien – MA 18, Referat Wissenschafts- und Forschungsförderung
Laufzeit: 1. August 2000 bis ca. Juli 2001
Ziel des Projektes war es, anhand des Nachlasses die Entstehungsgeschichte des Stückes »Geschichten aus dem Wienerwald« zu rekonstruieren und die Abfolge der vorhandenen Textstufen zu erarbeiten. Erreicht wurde dies

durch eine vergleichende Untersuchung früherer Ausgaben des Stückes und einer Überprüfung eben derer anhand der Originaltyposkripte. Die Arbeitsprozesse des Autors wurden unter Zuhilfenahme weiterer Quellen (Briefe, Erinnerungen etc.) rekonstruiert und ein Arbeitsmodell für die künftige Horváth-Philologie konnte gewonnen werden.

LEAF (Linking and Exploring Authority Files)

Projektkoordination: Staatsbibliothek zu Berlin
Keyperson der ÖNB: Univ.-Prof. Dr. Wendelin Schmidt-Dengler
Deputy: Mag. Max Kaiser
Finanzierung: Europäische Kommission, Library of Congress, der K. G. Saur Verlag (München) und die Autographenhandlung J. A. Stargardt
Laufzeit: 1. März 2001 bis 31. Mai 2004
Durch LEAF wurde eine Modellarchitektur für ein verteiltes Suchsystem zu bereits existierenden Personen- bzw. Körperschaftsdateien, bei denen es sich um Normdaten handelt, geschaffen. Es sollte als eine Erweiterung des Netzwerkes von Online-Katalogen (MALVINE) verstanden werden. Durch eine Suchabfrage wird nicht nur Information zur Person oder Körperschaft abfragbar gemacht, sondern auch jene Institutionen, die über Material verfügen, sichtbar. Ziel war und ist es auch kleinere Institutionen einzubinden und dadurch ihr Informationsangebot zugängig zu machen.

George Saiko: Nachlaß – Werk – Wirkung

Projektleitung: Univ.-Prof. Dr. Wendelin Schmidt-Dengler
Projektmitarbeit: Mag. Michael Hansel
Finanzierung: Fonds zur Förderung der wissenschaftlichen Forschung (FWF)
Laufzeit: 1. September 2002 bis 31. Oktober 2005
Durch dieses Projekt sollte eine Wieder- bzw. Neubewertung der Werke George Saikos stattfinden. Dies sollte unter anderem durch die Aufarbeitung des Nachlasses und eine Ordnung des Bestandes nach Fach- und Themenbereichen erreicht werden. Gleichzeitig mit der Aufarbeitung wurde eine Analyse des Gesamtwerkes durchgeführt und vergleichend ausgewertet. Ein verstärktes Augenmerk wurde auf die bisher eher vernachlässigten Erzählungen und Essays gelegt, dadurch wurden all jene Lücken geschlossen, die es in der bisherigen Forschung (noch) gab. Anhand einer von empirischen

Maßstäben ausgehenden Rezeptionsforschung sollte die Frage geklärt werden, warum Saiko bis heute ein weitgehend unbekannter Autor geblieben ist, warum er selbst Interpretationen zu seinen Werken schrieb und ob es sich bei einer der Ursachen um seinen diffizilen Erzählstil handelt.

Ödön von Horváth: Grundlagen einer kritisch-genetischen Ausgabe

Projektleitung: Dr. Klaus Kastberger
Projektmitarbeit: Mag. Erwin Gartner
Finanzierung: Fonds zur Förderung der wissenschaftlichen Forschung (FWF)
Laufzeit: 1. Februar 2003 bis 31. Juli 2005
In den letzten Jahren wurde der größte Teil des Nachlaßbestandes von Ödön von Horváth in mehrfacher Form von Traugott Krischke ediert. Auch zahlreiche Werkausgaben in Zusammenarbeit mit Dieter Hildebrandt sind erschienen.
Seit Anfang 2003 lief am Österreichischen Literaturarchiv nunmehr ein vom FWF unterstütztes Projekt, in dem die Grundlagen einer kritisch-genetischen Ausgabe geschaffen und die ersten Bände vorbereitet wurden. Besonders wichtig erschien dabei auch weiterhin die an Einzelbeispielen unternommene Verknüpfung der editorischen Arbeit mit Fragestellungen der Interpretation. Textgenetische Einzelstudien, auf der Basis des Nachlaßbestandes, die im Rahmen eines Symposiums zum 100. Geburtstag des Autors angeregt wurden (vgl. dazu Profile Band 8), scheinen nach wie vor gefordert: Sie vermögen die Horváth-Forschung nicht nur sinnvoll zu ergänzen und lebendig zu erweitern, sondern in manchen Fällen auch ganz klare Fehlurteile zu korrigieren.

Monographie Fritz Habeck

Projektleitung: Dr. Bernhard Fetz
Projektmitarbeiter: Mag. Andreas Weber
Finanzierung: Fonds zur Förderung der wissenschaftlichen Forschung (FWF)
Laufzeit. 1. Februar 2005 bis 30. Januar 2007
Fritz Habeck (1916–1997) ist einer der wenigen ernsthaften Existentialisten der österreichischen Literatur nach 1945, die er maßgeblich mitgeprägt hat.

Dennoch hat sich die germanistische Forschung noch kaum mit Werk und Autor auseinandergesetzt. Habecks Person ist ein Paradigma für alle ungelösten Widersprüche der österreichischen Nachkriegszeit, die sich hier exemplarisch personifizieren und literarisch manifestieren. Die Arbeit an der Monographie erfolgt auf Basis der Manuskripte im Habeck-Nachlaß, der sich im ÖLA befindet; die Monographie erscheint im Herbst 2007 im Otto Müller Verlag (Salzburg).

Ludwig Boltzmann Institut für Geschichte und Theorie der Biographie

Projektleitung: Dr. Wilhelm Hemecker
Stv. Leitung: Priv.-Doz. Dr. Bernhard Fetz (Standort ÖLA)
ProjektmitarbeiterInnen (Standort ÖLA): Dr. Deborah Holmes, Mag. Esther Marian, Mag. Hannes Schweiger
ProjektmitarbeiterInnen (Standort Universität Wien): Lukas Bärwald, Mag. Tobias Heinrich, Mag. Wolfgang Kreutzer, Mag. Cornelia Nalepka, B.A. Mod. Ph.D Caitríona Ní Dhúill
Projektmitarbeiter (Standort Thomas-Bernhard-Archiv Gmunden): Mag. Dr. Manfred Mittermayer
Finanzierung: Ludwig Boltzmann Gesellschaft, Österreichische Nationalbibliothek, Universität Wien, Thomas-Bernhard-Privatstiftung, Jüdisches Museum der Stadt Wien
Laufzeit: 1. April 2005 bis 30. März 2009
Das Institut wurde im April 2005 gegründet und setzt sich aus einem internationalen Team von zehn ForscherInnen zusammen, die auf drei Standorte verteilt sind. Es erarbeitet eine Methodenkritik neuzeitlicher Biographik und eine Theorie der Gattung Biographie. Zudem entstehen vier wissenschaftliche Biographien zu ExponentInnen der Österreichischen Moderne (Hugo von Hofmannsthal, Eugenie Schwarzwald, Thomas Bernhard, Ernst Jandl). Das Institut widmet sich einem dynamischen und interdisziplinären Forschungsfeld und reflektiert dabei kritisch die verschiedenen Forschungsansätze und Voraussetzungen biographischen Schreibens.
Zusätzliche Informationen : http://gtb.lbg.ac.at/

Grundlagen der Horváth-Philologie (Wiener Ausgabe sämtlicher Werke und Briefe)

Projektleitung: Priv. Doz. Dr. Klaus Kastberger
Projektmitarbeiterinnen: Dr. Kerstin Reimann, Dr. Nicole Streitler
Finanzierung: Fonds zur Förderung der wissenschaftlichen Forschung (FWF)
Laufzeit: 1. Oktober 2005 bis 30. September 2008
Es gilt mit diesem Projekt die Untersuchungen und bisherigen Forschungen des ÖLA bezüglich Ödön von Horváth fortzusetzen und für die »Wiener Ausgabe« sämtliche Werke und Briefe Horváths zur Edition vorzubereiten. Es sollen hierzu alle Texte vollständig und systematisch erfaßt und ausgewertet werden. Durch eine Bewertung der genetischen Konvolute soll es zu einer Darstellung der Werkgenese, samt einer zuverlässigen Transkription des Textmaterials kommen. Außerdem sollen mit diesem Projekt weitere Einzelinterpretationen angeregt werden, in Form von Abschlußarbeiten, Fachsymposien und Kooperationen.

Stimmen aus dem Archiv

MARTIN WEDL

*A*uf der vorliegenden mp3-CD wurden bis auf drei Ausnahmen ausschließlich Aufnahmen von Audiokassetten verwendet. Die »Wiener Freundlichkeiten 1 und 2« von Gustav Ernst entstammen einer VHS-Videokassette aus dem Vorlaß des Autors. Margit Schreiners Statements zu ihrem literarischen Frühwerk aus »Linzer Torte« entstammen einer CD, die der Österreichische Rundfunk (ORF) der Autorin als Beleg zukommen ließ. Die Beispiele aus dem Film »Dear Fritz« wurden aus den mit den Tonbändern mitgelieferten Audio-CDs entnommen.

Die einzelnen Beiträge wurden in ihrer überlieferten und durchaus nicht immer ganz hörerInnenfreundlichen Form übernommen. Lediglich ein annähernd gleicher Lautstärkepegel sowie Fade-Ins und Fade-Outs zur Vermeidung allzu abrupter Einstiege in die Tonbeispiele wurden als notwendige Eingriffe in Kauf genommen.

Die Titel der einzelnen Beiträge sind, soweit sie nicht als Zitate unter Anführungszeichen gesetzt sind, vom Verfasser. Die Zusammenstellung erfolgte nicht nach chronologischen oder formalen Gesichtspunkten, sondern unterwirft sich teils einer gewissen Dramaturgie, teils den akustischen Anforderungen. Die Quellenzitate entsprechen, soweit dies sinnvoll erschien, den Beschriftungen der Tonträger; wo es sich um Ausschnitte aus Sendungen handelte, wurde versucht, den Originaltitel zu ermitteln und anzugeben.

Das Österreichische Literaturarchiv bedankt sich sehr herzlich bei allen AutorInnen, TrägerInnen der Rechtsnachfolge sowie Rundfunkanstalten, Regisseuren, Filmproduktionsfirmen und Veranstaltern, die dieses Projekt durch die freundliche Überlassung der Tonbeispiele ermöglicht haben.

Der Verfasser möchte sich persönlich bei Frau Nadja Wallaszkovits vom Phonogrammarchiv der Österreichischen Akademie der Wissenschaften und bei Marc Strümper von der Musiksammlung der ÖNB für ihre Unterstützung in tontechnischen Fragen sowie bei Peter Ploteny von der Österreichischen Mediathek des Technischen Museums Wien für seine Ratschläge zur Klärung rechtlicher Fragen bedanken.

Hermann Hakel: Rohfassung eines Interviews mit Manfred Chobot

Hermann Hakel (1911–1987), der im italienischen Exil von den Nationalsozialisten in mehrere Lager verschleppte Wiener Schriftsteller, spielte in der Literaturszene der Nachkriegszeit als Herausgeber der Literaturzeitschrift »Lynkeus« eine bedeutende Rolle als Mentor und Förderer junger SchriftstellerInnen. Er betätigte sich als Lehrer der Literatur und der jüdischen Kultur, übersetzte und gab jüdische ExilautorInnen heraus. Mit scharfem Blick und ebenso scharfer Rede erzählt er von den Mühen und Enttäuschungen seiner literarischen Nachwuchsarbeit nach 1945 / (ÖLA 221/04):

1. Der Traum des Dichters. Aus: »Hermann Hakel 2. 11. 87 Interview mit M. Chobot«.
2. Die Wahrheit. Aus: »Hermann Hakel 2. 11. 87«.
3. Der P.E.N.-Club stellt vor. Aus: »Hermann Hakel 2. 11. 87«.
4. Das Ende einer Illusion. Aus: »Hermann Hakel 2. 11. 87«.

Robert Schindel: Rundfunkinterview

Robert Schindel (geb. 1944), dessen Mutter zwei Konzentrationslager überlebte, dessen Vater in Dachau umkam, konnte und wollte das Literarische nie vom politischen Handeln trennen. Daß der ehemalige Wortführer der »Kommune Wien«, der radikalsten Gruppe der Wiener Studentenbewegung 1968, inzwischen, wie er selbst sagt, in die hinteren Reihen zurückgetreten ist, läßt seine verspielte, nach wie vor engagierte Lyrik jedoch nicht erkennen.

Aufsehen erregte auch sein 1992 publizierter Roman »Gebürtig« / (ÖLA 284/05):

5. Der Scherz als Überlebensstrategie. Aus: »Reflexe: Robert Schindel – Kämpferischer Poet«. Sendung vom 4. 12. 2000 (Schweizer Radio – DRS2).
6. »Wo ist der Herr Hitler und wo bin ich?« Aus: »Reflexe«.
7. Widerstand aus den hinteren Reihen. Aus: »Reflexe«.
8. »Reise der Wörter 2 – Sterbien«. Aus: »Reflexe«.

Oswald Wiener: Privataufnahme

Teile der österreichischen Avantgarde fanden ab Ende der 1960er Jahre in Berlin eine neue Heimat. Die vorliegende Aufnahme dokumentiert eine der dortigen Zusammenkünfte, die unter der Bezeichnung »Berliner Dichter-Workshop« bekannt wurden. Zu hören sind Günter Brus (geb. 1938), Gerhard Rühm (geb. 1930), Oswald Wiener (geb. 1935) sowie der Schweizer Autor Dieter Roth (1930–1998) / (ÖLA 232/04):

9. Gedanken zum Normalen. Aus: »1. Dichter-Workshop 30. 10.–7. 11. 1972 – Gespräche Rot[h] Rühm Brus Wiener«.
10. Die Idee zu einem Gesellschaftsspiel. Aus: »1. Dichter-Workshop«.
11. Die Regeln. Aus: »1. Dichter-Workshop«.

Hilde Spiel: Tonmitschnitt zu einem Fernsehfilm von Curt Faudon

Auch nachdem Hilde Spiel (1911–1990) nach fast dreißig Jahren im englischen Exil in ihre Heimatstadt Wien zurückkehrte, behielt sie ihre kritische Haltung gegenüber Österreich bei. Hätte Wien seinerzeit nicht eine intellektuell-kritische Instanz wie Karl Kraus hervorgebracht, die Stadt wäre ihr – nach eigenen Aussagen – unerträglich gewesen. Die teils sehr kritischen und polemischen Äußerungen einiger ihrer (meist jüngeren) SchriftstellerkollegInnen zum (offiziellen) österreichischen Geschichtsverständnis und zu gesellschaftspolitischen Fragestellungen, die ihnen nicht selten den Vorwurf der »Nestbeschmutzung« einbrachten, begrüßte Spiel. Daß ihr selbst nicht immer die gewünschte und wohl auch gerechtfertigte Anerkennung zuteil wurde, konnte sie nicht verwinden / (ÖLA 15/91):

12. SchriftstellerInnen sehen ihr Land. Aus: »Nur nicht die Wirklichkeit. Hilde Spiel: Kritische Betrachtungen eines geliebten Landes« von Curt Faudon (ORF 1989).
13. Vom mangelnden Respekt gegenüber der Schriftstellerin Hilde Spiel. Aus: »Nur nicht die Wirklichkeit«.

Erich Fried: Privataufnahmen

Erich Fried (1921–1988), der nicht aus dem Londoner Exil in sein Ursprungsland Österreich zurückkehrte, gilt als einer der wichtigsten deutschsprachigen Lyriker nach 1945. Neben teils sehr engagierten Versen und seinen hunderttausendfach verkauften »Liebesgedichten« (Wagenbach 1979) verfaßte er auch zahlreiche politische Essays und Aufsätze (u. a. gesammelt in »Anfragen und Nachreden«, Wagenbach 1994), die akute oder latente innergesellschaftliche sowie internationale Konflikte analysieren.

Mit dem Politikwissenschaftler und Futurologen Ossip K. Flechtheim (1909–1998) verband ihn eine jahrelange Freundschaft. Kurz vor seinem Tod sandte Fried aus einem Krankenhaus in Baden-Baden seinem Freund einen auf Audiokassette gesprochenen Brief / (ÖLA 135/99):

14. Gedanken zum Faschismus neuerer Prägung. Aus: unbeschriftete Audiokassette.
15. Freie Assoziationen. Aus: »1–10 Wortspiele«.
16. Brief an Ossip K. Flechtheim. Aus: »Erich Fried Baden-Baden 4. 11. 88«.

Reinhard Priessnitz: Privataufnahme

Reinhard Priessnitz (1945–1985) war einer der formbewußtesten österreichischen AutorInnen und setzte in seinem Werk Tendenzen der

»Wiener Gruppe« fort. Als noch nicht Zwanzigjähriger führte Priessnitz mit der Übersetzerin Doris Brehm (1908–1990) eine auf sehr profunder Werkkenntnis beruhende Diskussion über Bertolt Brecht (1898–1956) / ÖLA 269b/05):

17. Reinhard Priessnitz im Gespräch mit Doris Brehm. Aus: »Reinhard Priessnitz / Doris Brehm Gespräch 1963 – überspielt 22. I. 1985«.

Wolfgang Kraus: Rundfunkinterview

Der Kulturphilosoph, Verlagslektor und Journalist Wolfgang Kraus (1924–1998) prägte als Leiter der 1961 gegründeten Österreichischen Gesellschaft für Literatur (ÖGfL) und später auch als Moderator des sogenannten »Jour fixe« im ORF das literarisch-kulturelle Leben in Österreich über Jahrzehnte wie kaum jemand anderer. Die Ausschnitte erhellen die gesellschaftlichen Voraussetzungen für die Gründung der ÖGfL wie auch die Rolle, die Kraus sich in diesem Zusammenhang zuschrieb / (ÖLA 63/97):

18. Die Gründung der ÖGfL. Aus: »Litges. Interview (Strutzmann Hartl)« – Interview mit Helmut Strutzmann im »Literaturmagazin« (ORF 1982).
19. »Wenn der Bernhard nicht der Bernhard wäre [...].« Aus: »Literaturmagazin«.

Michael Scharang: Rundfunkinterview

Michael Scharang (geb. 1941), einer der prononciertesten VertreterInnen einer neuen realistischen Literatur in Österreich seit Ende der 1960er Jahre, macht sich in seinen Essays die Provokation als Auslöser für komplexe Denkprozesse nutzbar. Er verlangt eine radikale und präzise Sprache, die in der Literatur die sozialen und politischen Gegebenheiten thematisieren muß und als Werkzeug zur Aufdeckung von Mißständen dienen soll / (ÖLA 236/04):

20. Schreiben für eine interessierte Minderheit. Aus: »Im Gespräch: Michael Scharang«. Interview mit Peter Huemer, 15. Juni 1989, Ö1 (ORF).

21. Engagierte Literatur. Aus: »Im Gespräch«.
22. Provokation zum Schrecken der SpießbürgerInnen. Aus: »Im Gespräch«.
23. Radikalität der Sprache. Aus: »Im Gespräch«.
24. Sprache gegen Tabu. Aus: »Im Gespräch«.

Ernst Schönwiese: Lesung

Die Lyrik des Publizisten, Übersetzers, Programmdirektors beim ORF und Herausgebers der Literaturzeitschrift »das silberboot« Ernst Schönwiese (1905–1991) ist vielfach von esoterischen Themenstellungen gekennzeichnet. Hielt Schönwiese sich anfangs noch an eine ›traditionsgebundene Formenstrenge‹, so löste er sich in späteren Gedichtbänden vom festen Versmaß, um sich freierer Formen zu bedienen / (ÖLA 20/93):

25. Begrüßung. Aus: »LWO Nr. 4746 Ernst Schönwiese reading in the Recording Laboratory, Library of Congress, Friday, 19 January 1990«.
26. »Ich schreibe für den Baum vor meinem Fenster« / »Der erste Kuß«. Aus: »LWO Nr. 4746«.
27. »Der Tod des Dichters« / »Meine Seifenblasen« / »Ein Vogel, der aus dem Nest fiel«. Aus: »LWO Nr. 4746«.
28. »Eines Nachts erwachte ich zwischen zwei Träumen«. Aus: »LWO Nr. 4746«.
29. »Was in deinem Herzen so mächtig pocht«. Aus: »LWO Nr. 4746«.
30. »Meine Frau ist verteilt über die ganze Erde«. Aus: »LWO Nr. 4746«.

Gustav Ernst: Rundfunkinterview und Tonspur einer Fernsehproduktion

Gustav Ernst (geb. 1944), Schriftsteller, Drehbuchautor, langjähriger Mit-Herausgeber der Literaturzeitschrift »Wespennest« und Gründer der Zeitschrift »kolik«, reflektiert anläßlich des Erscheinens seines zweiten Romans »Frühling in der Via Condotti« (Europaverlag 1987) die Produktionsbedingungen für seine realistischen Texte und äußert Zweifel, ob seine gesellschaftskritischen Analysen die angesprochene Zielgruppe tatsächlich erreichen. Der zeitweise eingesetzte sehr derbe Wiener Dialekt scheint sich für Ernsts satirische Sozialkritik besonders zu eignen / (ÖLA 236/04):

31. Literatur als Befreiung aus gesellschaftlichen Zwängen. Aus: »Ö-Reg. 4.10.85/20:20 Portrait G.E.« Ö-Regional (ORF).
32. Wiener Freundlichkeiten 1. Aus: »Impulse. Schöner wohnen in Wien von Werner Badingbauer, Manfred Chobot, Gustav Ernst, Peter Henisch« (ORF 1972).
33. Zwang zur Anpassung. Aus: »Portrait G.E.«.
34. Wiener Freundlichkeiten 2. Aus: »Impulse«.
35. Fühlen sich die Angesprochenen betroffen? Aus: »Portrait G.E.«

Albert Drach: Rundfunkinterview

Selten läßt sich die Verflechtung von literarischer Produktion und berufsbedingter sprachlicher Prägung so deutlich nachweisen wie bei dem Juristen Albert Drach (1902–1995). Erfahrungen aus der Tätigkeit als Anwalt, die unmittelbar in sein Werk einflossen, werden im Gespräch ebenso offengelegt wie die Selbstdefinition als Schriftsteller und die Befindlichkeit angesichts des nahen Todes / (ÖLA 236/04):

36. Die Ungleichheit von Mann und Frau in der Gesellschaft. Aus: »Im Gespräch: Albert Drach.« Interview mit Peter Huemer, 1992, Ö1 (ORF).
37. Unsentimentale emotionale Beteiligung. Aus: »Im Gespräch«.
38. Zu Lebzeiten unterschätzt? Aus: »Im Gespräch«.
39. Das endgültige Totsein. Aus: »Im Gespräch«.

Margit Schreiner: Rundfunkinterviews

Die Linzer Autorin Margit Schreiner (geb. 1953), deren Romane und Erzählungen sich durch eine radikal subjektivierte Erzählperspektive auszeichnen, die individuelle Lebenserfahrungen auf eine allgemeingültige, in gesamtgesellschaftlichem Zusammenhang relevante Ebene erhöht, gibt Einblick in ihre Schreibstrategien und erzählt von den Initiationserlebnissen, die sie als Schriftstellerin prägten / (ÖLA 283/05):

40. Frühe Berufung. Aus: »Eine Frau packt aus. Die Schriftstellerin Margit Schreiner« (ORF).
41. Empathie statt Bloßstellung. Aus: »August 2003« (ORF).
42. Die Suche nach dem Allgemeinen im Individuellen. Aus: »August 2003« (ORF).
43. Das Frühwerk. Aus: »Linzer Torte«, 14. November 2004, Radio Oberösterreich (ORF).

Ernst Jandl: Privataufnahmen

Ernst Jandl (1925–2000) verkörperte wie kein anderer den Dichter als Pop Star. Seine Performances allein oder in Begleitung von Jazz-MusikerInnen sind legendär. Die vorliegenden Aufnahmen sind ausnahmslos vom Autor angefertigte Privataufnahmen, die teils als Vorstufen zu späteren Texten (»schlutz« aus »die humanisten«, UA 1976), teils als Sprech- und Stimmübungen von äußerster Intensität zu betrachten sind / (ÖLA 133/99):

44. Ausschnitt von »Aus der Fremde«. Aus: »Stück – 1. Gesangsversion«.
45. »schlutz«. Aus: »Vorarb. Einakter (1)«.
46. »menschensprach«. Aus: »EJ, Menschensprach 30.4.75«.

Heimrad Bäcker: Privataufnahme

Der Linzer Autor Heimrad Bäcker (1925–2003), dessen literarisches Lebenswerk »nachschrift« (Droschl 1986) und »nachschrift 2« (Droschl 1997) eine über Jahrzehnte intensiv geführte Auseinandersetzung mit den sprachlichen Manifestationen des nationalsozialistischen Vernichtungsapparates ist, gab ab 1968 gemeinsam mit seiner Frau Margret (1925–2002) die »neuen texte«, ein wichtiges Medium für die österreichische literarische Avantgarde, heraus. Im ausgewählten Ausschnitt führen die beiden eine sehr emotionale Debatte über Goethes »Faust« / (ÖLA 214/03):

47. Heimrad und Margret Bäcker diskutieren über Ethik und Moral in Goethes »Faust«. Aus: »Faust 16«.

Josef Haslinger: Rundfunkbeiträge

1992 gründete der durch seine kritischen Analysen der politischen und gesellschaftlichen Zusammenhänge im Österreich der Zweiten Republik bekannte Schriftsteller Josef Haslinger (geb. 1955) zusammen mit anderen prominenten Persönlichkeiten des öffentlichen Lebens die Menschenrechtsplattform »SOS Mitmensch«. 1993 organisierte die Plattform eine Demonstration gegen das Volksbegehren »Österreich zuerst« (besser bekannt als »Anti-Ausländer-Volksbegehren«), an der mehr als eine Viertelmillion Menschen teilnahmen. Anläßlich des Ersten österreichischen Schriftstellerkongresses 1981 im Wiener Rathaus, der den Dialog der AutorInnen mit der Öffentlichkeit suchte und die soziale und finanzielle Lage der SchriftstellerInnen verbessern wollte, verfaßte Haslinger sein in der Bilanz sehr ernüchternd ausgefallenes Tonband-Tagebuch für den ORF / (ÖLA 216/03):

48. Erste Reflexionen. Aus: »Tonband-Tagebuch zum Schriftstellerkongreß 6.-8. März 81« (ORF 1981).
49. Produktionsstop. Aus: »Tonband-Tagebuch«.
50. SchriftstellerInnen als ArbeitnehmerInnen? Aus: »Tonband-Tagebuch«.
51. Die Gefahr der politischen Neutralisation. Aus: »Tonband-Tagebuch«.
52. Zur Gründung der Menschenrechtsplattform »SOS Mitmensch« 1992. Aus: »J.H.«.

Ferdinand Schmatz: Lesung

Das »Literarische Quartier« der »Alten Schmiede« ist eine der wichtigsten literarischen Begegnungsstätten in Wien. Zwischen Juli und Dezember 1998 veranstaltete der Schriftsteller Lucas Cejpek (geb. 1956) eine Veranstaltungsreihe unter dem Titel »Zettelwerk«, an der rund 30 in- und ausländische AutorInnen teilnahmen und sowohl aus aktuellen Werken lasen als auch »Gespräche über eine mögliche Form« führten. Der Wiener Autor Ferdinand Schmatz (geb. 1953) liest aus »dschungel allfach. prosa gedicht« (Haymon 1996) und spricht über seine Schreibstrategien / (ÖLA 138/99):

53. »a-h-a, erlebt (von frau aus)«. Aus: »Autorenlabor 3.11.98 Schmatz / Tandori Teil A«.
54. »donner, jetzt«. Aus: »Autorenlabor 3.11.98«.
55. Vom Moment der unmittelbaren Erfahrung als Impuls zum Sprachexperiment. Aus: »Autorenlabor 3.11.98«.

Peter Henisch: Privataufnahme

Mit dem 1975 erstmals erschienenen Roman »Die kleine Figur meines Vaters« (Fischer 1975), einer literarischen, zum Teil auf Tonbandinterviews basierenden Aufarbeitung der Biographie seines Vaters, legte Peter Henisch (geb. 1943) jene Widersprüchlichkeiten im kollektiven wie individuellen österreichischen Gedächtnis frei, die bis in die Gegenwart herauf in gesellschaftliche und politische Zusammenhänge wirken / (ÖLA 92/97):

56. Photographie als Reflexion oder bloße Abbildung? Aus: »VATER CAS. 2«.
57. Der Photograph als Objekt der Betrachtung. Aus: »VATER CAS. 2«.

Maria Crone: Rundfunkinterview

Maria Crone (1900–1990), Schauspielerin, Schriftstellerin und Wahl-Dänin, die eine wichtige Rolle als Vermittlerin österreichischer Kultur spielte, spricht u. a. über ihre 1953 initiierte »Kinderbrücke«, die körperlich behinderten österreichischen Kindern einen Dänemark-Aufenthalt und später auch bedürftigen dänischen Kindern einen Österreich-Urlaub ermöglichte / (ÖLA 253/05):

58. Ein Wiener Kind in Dänemark. Aus: »Rundfunkinterview mit Hans Gaisser« (ORF Mai 1978).
59. Die Kinderbrücke Teil 1. Aus: »Rundfunkinterview«.

60. Die Kinderbrücke Teil 2. Aus: »Rundfunkinterview«.
61. »Wien, vom Hundertsten ins Tausendste«. Aus: »Rundfunkinterview«.

Fritz Habeck: Tonbandaufnahmen zum Film »Dear Fritz« von Joerg Burger und Andreas Weber

Fritz Habeck (1916–1997), Erfolgsautor der 1950er und 1960er Jahre, Brieffreund Ernest Hemingways und Protagonist des »literarischen Wiederaufbaus« in Österreich nach 1945, spricht über seine Anfänge als Literat, die Zeit als Soldat und seine schriftstellerische Karriere nach dem Zweiten Weltkrieg / (ÖLA 256/05):

62. Der Werdegang des Schriftstellers. Aus: Tonbandaufnahmen zum Film »Dear Fritz« von Joerg Burger und Andreas Weber (Navigator Film 1995).
63. Die Wirklichkeit. Aus: »Dear Fritz«.
64. Bilanz eines Lebens. Aus: »Dear Fritz«.

Heinz R. Unger: Lesung

Seit dem Erscheinen seines ersten Lyrikbandes »In der Stadt der Barbaren« (Jugend & Volk 1971) schreibt Heinz R. Unger (geb. 1938), Texter der österreichischen politischen Pop-Band »Schmetterlinge« (u. a. »Proletenpassion«, UA 1976) und Verfasser zahlreicher sozialkritischer Theaterstücke (z. B. »Zwölfeläuten«, UA 1985) konsequent gegen den gesellschaftlichen Bedeutungsverlust politischer Lyrik an / (ÖLA 246/04):

65. Hat politische Lyrik noch eine Existenzberechtigung? Aus: »Festival d. politischen Liedes 99 Attersee – UNGER / Mitschnitt«.
66. »Großer roter Vogel«. Aus: »UNGER / Mitschnitt«.
67. »vor fort dix«. Aus: »UNGER / Mitschnitt«.
68. »Das Mädchen von Sarajevo«. Aus: »UNGER / Mitschnitt«.
69. »Der Tao Tui findet, was er suchte«. Aus: »UNGER / Mitschnitt«.

Josef Burg: Lesung

Josef Burg (geb. 1912) lebt als, wie er selbst sagt, »einziger« jiddischer Schriftsteller in Czernowitz (Ukraine). Konsequent beharrte er in den Zeiten des Nationalsozialismus als auch während des Sowjetregimes auf der Beibehaltung seiner Sprache. Diese Haltung brachte ihm de facto ein 40 Jahre währendes Veröffentlichungsverbot ein. Burgs Werk kreist um die Erinnerung an die jüdische Bevölkerung der Bukowina, Wiens vor 1938 und der Länder des ehemaligen sowjetischen Einflußgebiets. Mit »Ein Gesang über allen Gesängen« wurde er 1989 erstmals dem deutschsprachigen Publikum vorgestellt. In der gleichnamigen Episode erzählt Burg von der Zivilcourage eines Priesters, der die jüdische Bevölkerung eines Dorfes in den Karpaten vor dem Zugriff des antisemitischen Mobs bewahrte / (ÖLA 117/98):

70. »A gesang iber ale gesangen«. Aus: »Josef Burg liest Ein Gesang über allen Gesängen«.